Qualitätsmanagement in Kindertagesstätten

Ein Dank vorweg,
an alle, die es uns ermöglicht haben, dieses Buch zu
schreiben, uns mit Rat und Tat zur Seite standen und
Unterstützung gaben,
an alle Kinder, mit denen wir im Laufe unseres Berufslebens
zusammengearbeitet haben und die uns immer wieder zum
Nachdenken angehalten haben,
an alle Kolleginnen und Kollegen, die mit ihrem Engagement
die Arbeit ständig verbessern und von denen sich so manches
Beispiel hier wieder findet,
namentlich an Mira, Leon und Thomas, an Louis, Mayla,
Tommy, Melle und Inge.

Ulrike Glöckner-Hertle Michael Wünsche

Handbuch für die Praxis

Ulrike Glöckner-Hertle   Michael Wünsche

Qualitätsmanagement in Kindertagesstätten

Maßstäbe setzen – Profil gewinnen

Burckhardthaus Laetare Verlag

© 2000

Burckhardthaus-Laetare Verlag GmbH, Offenbach/M.

Postanschrift: Schumannstr. 161, 63069 Offenbach/M.

Umschlaggestaltung: Matthias Heipel, Freiburg

Umschlagfoto: Hartmut W. Schmidt, Freiburg

Fotos Innenteil: Hartmut W. Schmidt, Michael Wünsche

Illustrationen: Michael Wünsche, Freiburg

Lektorat: Hille & Schäfer, Freiburg

Satz und Layout: Matthias Heipel, Freiburg

Druck und Verarbeitung: Salzland Druck, Staßfurt

Die Deutsche Bibliothek – CIP-Einheitsaufnahme

Glöckner-Hertle, Ulrike:
Qualitätsmanagement in Kindertagesstätten: Maßstäbe setzen – Profil gewinnen / Ulrike Glöckner-Hertle; Michael Wünsche. -
Offenbach/M.: Burckhardthaus-Laetare Verl., 2000
ISBN 3-7664-9399-X

Inhalt

■ Vorwort

Die Bedingungen in Kinderbetreuungseinrichtungen haben sich verändert. Vorbei die Zeiten, in denen finanziell aus vollen Töpfen geschöpft werden konnte und freiwerdende Plätze beliebig und vor allem sofort nachbelegt werden konnten. An die Einrichtungen werden höhere Ansprüche gestellt, da die Kinderzahlen abnehmen und die Eltern, die sich nun den Kindergarten aussuchen können, ein neues Verständnis entwickelt haben. Im strukturellen Bereich – Stichwort „verlängerte und flexible Öffnungszeiten" – sind diese Ansprüche den Fachkräften bereits seit einigen Jahren bekannt. Auch die pädagogische Arbeit wird zunehmend in den Blick genommen und Eltern fragen immer häufiger, nach welchen Zielen gearbeitet wird und auf welche Weise diese erreicht werden sollen. Freie Plätze in den Kindertagesstätten (Kitas) und ähnlichen Betreuungseinrichtungen für Kinder ermöglichen es den Eltern, sich vorher in verschiedenen Einrichtungen zu informieren und dann zu entscheiden, wo ihr Kind am besten untergebracht ist.

Was haben Kindertagesstätten mit Qualitätsmanagement zu tun?

Neben den neuen Anforderungen der Eltern stehen auch Veränderungen der Beschlüsse der Gesetz- wie auch Finanzgeber für den Bereich der Kinderbetreuungseinrichtungen an. Im Sozialgesetzbuch VIII (SGB VIII) ist seit dem 01. 01. 1999 in den §§ 78 a ff. von Qualitätsentwicklung die Rede. Noch gibt es in den meisten Bundesländern keine landesrechtlichen Ausführungsbestimmungen für die Kindertageseinrichtungen. Doch die Diskussion um die Entwicklung von Qualität hat andere Bereiche der sozialen Arbeit längst erreicht, wie z. B. die Kinder- und Jugendheime, und es ist eine Frage der Zeit, wann die Kindergärten sich dieser Herausforderung ebenfalls stellen müssen.

In Zukunft werden kommunale Finanzgeber ihren Zuschuss nach zuvor vereinbarter Leistung bemessen. Dieser Zuschuss wird dann je nach Betreuungsangebot für Leistungen, die vorher genau beschrieben werden müssen, als Entgelt berechnet, d. h. nicht mehr pauschaliert zugewiesen. Dabei erhält der herkömmliche Regelkindergarten schon heute weniger Zuschüsse, als die umfassenderen Angebote der Ganztagesbetreuung oder die Einrichtungen mit verlängerten Vormittagszeiten.

Kurz gesagt: Die Kitas müssen sich auf den Weg machen, sich zu modernen Dienstleistungsunternehmen entwickeln und sich mit entsprechendem Profil, Kompetenzen, Selbstverständnis und Vorgehensweisen auf dem Markt darstellen.

Was ist zu tun? Jede einzelne Kita muss für sich ein Profil entwickeln und damit an die Öffentlichkeit treten. Statt einem, aus persönlichen Befindlichkeiten entspringenden „Wer sind wir (eigentlich)?" und „Wie geht es mir, der pädagogischen Fachkraft, dabei?", gilt es, ein gemeinsames „Wir sind wer!" und „Wir tun was!" zu erarbeiten und offensiv nach außen zu vertreten.

Auf der Basis eines klaren Selbstverständnisses ist eine ganz bestimmte Haltung einzunehmen, und zwar: „Der Kunde ist König!" Zum Kundenkreis einer Kita sind die Kinder als auch die Eltern zu zählen. Mit anderen Worten: Es geht um die Kinder und ihre Eltern sowie um deren Bedürfnisse. Der pädagogische Alltag und die Aufgaben des Betreuens, Bildens und Erziehens sind qualitativ hochwertig zu gestalten.

Die Anliegen der Eltern bieten den Ausgangspunkt für die Gestaltung der Kita-Arbeit, nicht nur im Hinblick auf die täglichen

Öffnungszeiten und die Ferienschließzeiten. Aussagen von Fachkräften wie „Die bringen ihr Kind immer schon ganz früh, obwohl sie erst viel später arbeiten müssen. Ob das so gut für das Kind ist?" gehören damit der Vergangenheit an. Sie weichen dem Vorgehen, das pädagogische Angebot so zu gestalten, dass sich die Kinder wohl fühlen und optimale Entwicklungs- und Lernbedingungen vorfinden und die Eltern entsprechendes Vertrauen in die geleistete Arbeit haben können.

Den Erwartungen der Finanzgeber und des Trägers ist ebenfalls Rechnung zu tragen. Nach der Maxime sind deren grundlegende und sich z. T. widersprechende Bedürfnisse wohl ausgewogen in den Einrichtungen zu realisieren.

Entsprechend der Bedürfnisse der Kunden gilt es Ziele aufzustellen. Vorbei sind die Zeiten, in denen alle bis zur Erschöpfung diskutiert haben und dann doch jede tat, was sie persönlich für richtig empfand. Die Ziele stellen eine klare Orientierung dar und sind für alle Mitarbeiterinnen einer Einrichtung verbindlich. Aus den Zielen werden Standards bzw. Verfahrensweisen für den pädagogischen Alltag abgeleitet. Diese sind in der Umsetzung zu überprüfen.

Die Zeitfrage, die viele Erzieherinnen angesichts dieser Anforderungen stellen, ist sicher berechtigt, zumal doch auch bisher jede einzelne Kraft ihr Bestes gab – was auch immer darunter zu verstehen war. Dieser Wille und das Engagement sind weiterhin in hohem Maß nötig. Nötig deshalb, um konsequent einen Prozess zu durchlaufen, der die bisherige Arbeit aufgreift und mit einer klaren Orientierung an den Kunden einer Kita neu strukturiert. Dies wird durch einen Qualitätsmanagementprozess geleistet.

Wie kann das zeitlich geleistet werden?

Die Debatte um Qualität in Kitas ist längst in aller Munde. Doch über das „Wie" herrschen bei den Fachkräften bis dato eher unklare Vorstellungen. Selbst wenn auf theoretischer Ebene der Qualitätsmanagementprozess schon nachvollziehbar wurde, mangelt es den pädagogischen Fachkräften oft an den alles entscheidenden Methoden, mit denen sich ein solcher Prozess in die Praxis umsetzen lässt. Dementsprechend besteht unser Ziel darin, mit diesem Handbuch einen Qualitätsmanagementprozess einschließlich geeigneter Methoden für die Praxis so darzustellen, dass er von den Mitarbeiterinnen einer Einrichtung selbstständig durchgeführt werden kann.

Zu diesem Zweck entwickelten wir den *„impulse-Qualitätsmanagementprozess"*. Er ist konkret und praxisnah und bietet, versehen mit methodischen Anleitungen, eine klare Struktur von den Zielen bis zu den Standards. Diese werden mit vielen Beispielen aus der Praxis ausgeführt und geben Anleitungen, Vorschläge, Ideen und Motivation für die selbstständige Durchführung eines Qualitätsmanagementprozesses.

Im ersten Kapitel dieses Handbuchs finden Sie eine kompakte Übersicht zum Thema „Qualität", einschließlich einer Einführung in die wichtigsten Fachbegriffe. Im zweiten und dritten Kapitel diskutieren wir die gesetzlichen Grundlagen von Qualitätsentwicklung und zeigen die gesellschaftspolitische Dimension auf. Das vierte Kapitel ist einem begrifflichen Ungetüm namens DIN EN ISO 9000 ff. gewidmet. Die DIN-Norm wird erklärt und Praxisbezüge zum Kitabereich aufgezeigt.

Im Kapitel 5 kommen wir schließlich zum Kernstück des Buchs, dem impulse-Qualitätsmanagementprozess. In neun Schritten können die pädagogischen Fachkräfte den Qualitätsprozess eigenständig vollziehen. Zu den jeweiligen Schritten haben wir Methoden erarbeitet, die sich in Kitas und während Fortbildungen bewährt haben. Dabei setzen Sie im Rahmen des Prozesses die für Ihre Einrichtung wichtigen bzw. die Qualität Ihrer Einrichtung bestimmenden Schwerpunkte und legen den Zeitrahmen fest. Als Vorgehensweise empfehlen wir zunächst die Lektüre des gesamten Handbuchs.

Anschließend durchlaufen Sie den Prozess Schritt für Schritt unter Anwendung der entsprechenden Methoden. Dieser Aufwand lohnt sich, denn mit dem impulse-Qualitätsmanagementprozess

- erhält Ihre Einrichtung ein klares Profil,
- können Sie Ihre Ziele konsequent und für alle Beteiligten nachvollziehbar in die Praxis umsetzen und nimmt der Stellenwert der Kita-Arbeit in der Öffentlichkeit zu,
- binden Sie die Kunden an Ihre Einrichtung,
- erhöhen Sie Ihre fachlichen Kompetenzen, was allen Beteiligten zugute kommt,
- stellen Sie Ihre Leistungen transparent dar und Ihr Träger kann gegenüber den Finanzgebern entsprechende Entgeltvereinbarungen treffen,
- wird die Qualität der Leistungen dokumentiert und somit nachvollziehbar,
- werden Stärken und Schwächen der Leistungen in der Einrichtung erkannt und das Team kann die Schwächen systematisch angehen,
- arbeiten Sie mit einer größeren Zufriedenheit und gewinnen mehr Sicherheit, Ihre Arbeit nach außen zu vertreten.

Zwei Anmerkungen noch zu Beginn: Wir haben in Bezug auf die pädagogischen Fachkräfte die weibliche Form verwendet, da in den Kitas die Arbeit meist von Frauen geleistet wird. Bei der Bezeichnung der Einrichtungen wurde in der Regel das Kürzel „Kita" für alle unterschiedlichen Begriffe (Tageseinrichtung für Kinder, Kindergarten, Kindertagesstätte) verwendet.

Uns bleibt an dieser Stelle, im Wissen um Ihren persönlichen Einsatz und Ihre fachliche Kompetenz, Ihnen konstruktive Auseinandersetzungen und viel Freude beim Entwickeln und Sichern von Qualität in Ihrer Kita zu wünschen.

Kapitel 1

Der Tanz um das goldene Kalb oder Wegweiser in die Zukunft?

Stellen Sie sich vor, es ist Kindergarten und keiner geht hin! So wollte die evangelische Kirchengemeinde in Willnich als Träger eines Kindergartens von Qualitätsmanagement nichts wissen, da alle der Meinung waren, in der Einrichtung werde hervorragende Arbeit geleistet. Diese Meinung entstand dadurch, dass der „Laden" ohne große Vorkommnisse seit etlichen Jahren lief. Aufgrund geänderter Finanzierung wurde das Geld knapp und einigen Erzieherinnen musste gekündigt werden. Eine Konzeption wollten die Mitarbeiterinnen der Einrichtung gerade erarbeiten, aber dafür reichte mal wieder die Zeit nicht aus und die ausschließliche direkte Arbeit mit den Kindern erschien letztendlich wichtiger. „Was sollen wir denn noch alles tun!", so der Tenor. Andererseits wurden die Eltern zunehmend unzufriedener, da es von außen nicht nachvollziehbar war, was im Kindergarten gemacht wurde. Zudem entsprachen die Öffnungszeiten schon lange nicht mehr den Bedürfnissen der Eltern. Viel zu spät wurde deutlich, dass im Kindergarten einiges schief lief. Ein anderer Kindergarten öffnete seine Tore... Sie halten dieses Szenario für überzogen? Wie auch immer Ihre Einschätzung ist, letztlich stellt sich die Frage, was alles geschehen kann, wenn wir uns nicht mit dem Thema Qualität im sozialen Bereich auseinander setzen.

Die knapper werdenden finanziellen Mittel sollen effektiver eingesetzt werden. Das Stichwort Dienstleistungsunternehmen rückt in den Vordergrund. Und bei aller Wirtschaftlichkeit und

Warum Qualitätsmanagement in Kitas?

Sparsamkeit soll das Niveau des Angebots sozialer Dienstleistungen aufrechterhalten werden. „Öffentliche Mittel werden den Einrichtungen nur solange zur Verfügung gestellt werden, wie der mit der Mittelzuweisung verbundene gesellschaftliche Nutzen größer ist, als die damit verbundenen Kosten" (Hopp, 1999, S. 124). Anders ausgedrückt: Kitas haben die Arbeit in der Öffentlichkeit darzustellen und ihre Notwendigkeit hervorzuheben, um die Mittelzuweisungen weiterhin zu erhalten.

Für andere soziale Einrichtungen, wie z. B. Heime und Jugendzentren, erfolgt bereits eine Leistungs- und Entgeltabrechnung, die eine Qualitätsentwicklung voraussetzt (Kinder- und Jugendhilfegesetz, SGB VIII). Im Kindertagesstättenbereich liegen noch keine ausführenden Landesrichtlinien vor, doch stellt sich die Frage, wann diese Finanzierungsform auch die Kitas erreicht.

Die Gründe für die zunehmende Bedeutung des QM sind aber nicht nur im Kontext von Gesetz und Finanzierung zu suchen, sondern auch bei den zu erwartenden Veränderungen im Altersaufbau der Bevölkerung. „Die Zahl der Drei- bis Sechsjährigen wird in Deutschland erheblich abnehmen. Während es 1993 zum Beispiel noch 938.000 Dreijährige gab, werden es im Jahr 2.007 nach der Bevölkerungsvorausberechnung des Statistischen Bundesamts wahrscheinlich nur noch 658.000 sein" (Goebel, 1999, S. 127). Der Bedarf an Kitas wird daher weiter zurückgehen und eine größere Konkurrenz unter den Einrichtungen schaffen. Die Kitas werden in stärkerem Maß für ihre Einrichtung werben müssen. Das bedeutet, dass

- ein eigenständiges Profil entwickelt werden muss, um sich von den anderen Einrichtungen unterscheiden zu können,
- neben den Öffnungszeiten, den Raumkonzepten und dem Tagesablauf v. a. die pädagogische Konzeption und

deren Umsetzung in die Praxis eine wichtige Rolle spielt,
- die Eltern entscheiden werden, welche Kita am ehesten ihren Bedürfnissen entspricht, sei es durch die besonderen Öffnungszeiten oder den pädagogischen Schwerpunkt, wie z. B. Religionspädagogik.

Neben den Veränderungen im Altersaufbau vollzieht sich auch Wesentliches hinsichtlich der Erwerbstätigkeit von Familien. Immer mehr Eltern, gleich ob in Ein- oder Zwei-Elternfamilien, streben eine Berufstätigkeit an. Folglich werden die Qualität und das Leistungsangebot der Kitas auf jeden Fall zu einem wichtigen Entscheidungskriterium für die Eltern werden.

Woher kommt die Qualitätsdiskussion?

Die Wurzeln der heutigen Qualitätssicherung gehen auf die USA der 20er und 30er Jahre zurück. Dort hatten damals große Firmen erkannt, dass es erheblich billiger ist, Qualität und Zuverlässigkeit von vornherein in ein Produkt einzubauen, als sich später mit Defekten und Reparaturen auseinander zu setzen. Nach dem zweiten Weltkrieg verzichtete die amerikanische Industrie, bedingt durch ihre weltweite und scheinbar unantastbare Vormachtstellung, zunächst wieder auf qualitätssichernde Maßnahmen.
Der Pionier der Qualitätssicherung ist W. Edwards Deming (geboren 1928). 1951, in der Phase des wirtschaftlichen Neuaufbaus, ging er nach Japan, um dort seine Beratung anzubieten. Die japanische Industrie sah für sich sehr schnell die Vorteile einer nahezu fehlerfreien Produktion und eroberte auf diese Weise den Weltmarkt in vielen Industriezweigen, wie in der Elektronik, Optik, Motorradindustrie u. v. m. 1980 reagierte

die USA mit dem Slogan: „If Japan can, why can´t we?". Seitdem geht in Amerika das „Quality-Fieber" um (vgl. Glaap, 1996, S. 24). Mit der Einführung von „Total Quality Management" Konzepten (TQM) machten die USA ihre Versäumnisse wieder wett und beeinflussten das Qualitätswesen durch neue Impulse und Ansätze. So wird im TQM das Unternehmen als Ganzes in die Qualitätsentwicklung und -sicherung einbezogen, d. h. es werden nicht einzelne Entwicklungsprozesse sondern alle Abläufe der Organisation, inklusive der des Personaleinsatzes, analysiert. Ein besonderes Augenmerk wird dabei auf die Kundenbedürfnisse gelegt (Joseph M. Juran). Die Erfüllung der Kundenerwartungen bringt Qualität.

Die europäische Industrie tat sich mit der Akzeptanz von Qualitäts-Konzepten lange schwer. Besonders auffallend war dies in Deutschland. Aufgrund der weltweiten Entwicklung blieb aber auch Unternehmen in Deutschland nichts anderes übrig, als in die Qualitätsdebatte einzusteigen. Die „Deutsche Gesellschaft für Norm" versucht, durch Schulungen und Seminare den Bedarf in Industrie und Wirtschaft abzudecken. Jedes „bekehrte" Unternehmen bemüht sich seinerseits, seine Zulieferer von den Vorteilen des Qualitätsmanagements zu überzeugen, u. a. auch, indem nur standardisierte Zulieferteile akzeptiert werden.

Mittlerweile entdecken auch Dienstleistungsunternehmen die Vorteile eines QM-Prozesses. Banken, Versicherungsunternehmen oder Händler, die in direktem Kontakt mit Kunden stehen, erarbeiten für sich Qualitätsstandards. Besonders kritisch beäugt wurde die Qualitätsdebatte, als sie Einzug in soziale Organisationen hielt. Krankenhäuser und Altenheime wurden als Erstes unter die Lupe genommen und nach DIN EN ISO 9000 ff. zertifiziert. Die Ergebnisse sorgen nach wie vor für kontrovers geführte Diskussionen. Inzwischen hat die Debatte um Qualitätsentwicklung auch die Kitas erreicht.

Was heißt Qualität? Definitionen und Sichtweisen von Qualität

Der Begriff „Qualität" hat schon lange Einzug in unseren Alltag gehalten. Jeder benutzt täglich diesen Ausdruck „Qualität" in Bezug auf alle möglichen Dinge im Leben: Wir möchten ein qualitativ gutes Auto fahren und der Badreiniger muss unseren Ansprüchen für Sauberkeit genügen. In vielen Werbeslogans wird für die Qualität des Produkts gebürgt. Nur, was verbirgt sich dahinter? Für den einen muss das Auto schnell sein, für den anderen möglichst viel Ladekapazität aufweisen. Und was den Reiniger anbelangt: Für manche ist es der Spiegelglanz, für andere der ökologische Aspekt, der an oberster Stelle der Anforderungen an das Produkt steht.

Die Deutsche Gesellschaft für Qualität definiert den Begriff folgendermaßen: „Die Gesamtheit von Eigenschaften und Merkmalen eines Produkts oder einer Tätigkeit, die sich auf deren Eignung zur Erfüllung gegebener Erfordernisse beziehen" (Pepels, 1998, S. 124). Qualität ist demnach keine absolute, unveränderliche Größe, sondern lässt sich durch relative Merkmale ausdrücken, die sich v. a. aus den Kundenbedürfnissen ergeben. Qualität entwickeln bedeutet also:

Was bedeutet eigentlich der neutrale Begriff „Qualität"?

- dass zuerst die Tätigkeit und deren Merkmale exakt beschrieben werden,
- dass die Bedürfnisse der Kunden zu ermitteln und zu erfüllen sind
- und dass das Produkt oder die Tätigkeit zur Erfüllung der Kundenbedürfnisse beizutragen hat.

Die Betrachtung der Qualität kann unter verschiedenen Gesichtspunkten geschehen: In manchen Unternehmen wird eine Qualitätssicherung unter dem Aspekt vorgenommen,

Geld einzusparen. Dies entspricht der **Kosten-Nutzen-bezogenen** Sichtweise. Für Dienstleistungsunternehmen heißt das, den Nutzen mit den Kosten einer Dienstleistung zu vergleichen: Stimmt das Verhältnis oder sind die Kosten zu hoch? Im Verwaltungsbereich wird diese Sichtweise unter dem Namen „Neue Steuerung" umgesetzt. Die Verwaltung, z. B. das Sozialamt, soll abgespeckt und durch einfachere Strukturen und mehr Kompetenzen für die einzelnen Sachgebiete eine effektivere und damit kostengünstigere Arbeit praktiziert werden.

Bezieht sich die Qualitätssicherung ausschließlich auf das Endprodukt, so steht die **produktbezogene** Betrachtungsweise im Vordergrund. Hier werden messbare und präzise Ergebnisse erwartet. Je höher z. B. der Kakaoanteil in der Schokolade ist, um so hochwertiger ist das Produkt.

Bei der **anwenderbezogenen** Betrachtungsweise wird Qualität mit dem Auge des Nutzers betrachtet. Individuelle Konsumenten haben unterschiedliche Wünsche und Bedürfnisse, wobei diejenigen Güter, die diese Bedürfnisse am besten befriedigen, die jeweils höchste Qualität repräsentieren.

Die **fertigungsbezogene** Auffassung definiert Qualität als Einhaltung von Spezifikationen, die bei einer Abweichung eine Minderung der Qualität bedeutet. Hohe Qualität entsteht demnach durch gut ausgeführte Arbeit und deren Ergebnis, das Anforderungen sicher erfüllt. Der gesamte Prozess vom Marketing über Konstruktion bis hin zum Endprodukt wird in Augenschein genommen (vgl. Bobzien et al., 1996, Pepels, 1998).

Die **transzendente** Sichtweise von Qualität hat ihren Ursprung in der Philosophie. Qualität wird als absolut und universell erkennbar betrachtet, als Zeichen kompromisslos hoher Ansprüche und Leistungen, die nicht präzise zu definieren sind und nur durch Erfahrung empfunden werden.

Übertragbare Sichtweisen des Qualitäts- begriffs in den sozialen Bereich

Unseres Erachtens sind die Kosten-Nutzen-bezogene, anwen- derbezogene, fertigungsbezogene und transzendente Sicht- weise in den Bereich der Kitas zu übernehmen: In Zeiten knapper werdender Mittel bleibt es nicht aus, den wirtschaft- lichen Aspekt in sozialen Einrichtungen genauer zu betrach- ten. Es ist von steigender Bedeutung, die vorhandenen finan- ziellen Mittel effektiv einzusetzen und die Kita unter dem Blickwinkel der Wirtschaftlichkeit und Sparsamkeit zu prüfen. Welche Kosten durch welche Leistungen entstehen ist als ein Kriterium der Qualitätsdiskussion zu betrachten, zumal der Anteil der Personalkosten an den gesamten laufenden Kosten einer Einrichtung ca. 85-90% beträgt. Das bedeutet, dass die Fachkräfte deutlich machen müssen, welche Leistungen für ihre Arbeit notwendig sind bzw. mit welchen finanziellen Mit- teln gute Arbeit bereits geleistet wird. Die Kosten werden auf diese Weise für die Mitarbeiterinnen selbst als auch für Außenstehende transparent.

Bei der anwenderbezogenen Betrachtungsweise wird auf die Kundenbedürfnisse eingegangen, die in der Qualitätsdiskussi- on eine tragende Rolle spielen. Durch das Abfragen der Bedürfnisse der Kunden lassen sich eindeutige Ziele und Vor- gehensweisen für die Kindertagesstätte formulieren. Eltern äußern zum Beispiel den Wunsch nach Verlängerung der Öff- nungszeiten oder einer Erhöhung der Zeiten für den Aufent- halt der Kinder im Freien, die Kinder das Bedürfnis nach viel Zeit für ungestörtes Spiel.

Die fertigungsbezogene Sichtweise weist auf Spezifikationen der Dienstleistung hin, die jeweils definiert werden müssen. Das bedeutet für die Kindertagesstätte, dass die Vorgehens- weisen, die zur Erfüllung der Dienstleistung notwendig sind, ebenfalls festgelegt werden müssen. Die gesamte Einrich- tung mit all ihren Abläufen wird in den Blick genommen: Wie werden die Kinder am Morgen begrüßt? Wie läuft das Freispiel ab? Welche Regeln gibt es für den Aufenthalt im Flur? Die Antworten auf diese und weitere Fragen stellen differenziert die Arbeitsweisen dar.

Die transzendente Sichtweise brachte uns auf die Idee, Qualität mit Visionen und Philosophien zu verbinden, die sich im speziellen Leitbild einer Kita widerspiegeln. Die produktbezogene Betrachtungsweise entfällt in Kitas, da dies bedeuten würde, den Kindern ein genormtes Verhalten oder Wissen anzuerziehen, welches quantifizierbar und jederzeit abrufbar wäre.

Fachbegriffe – Eine Einführung in die Sprache des Qualitätsmanagement

Qualitätsmanagement hat eine eigene Sprache. Im Folgenden klären wir die wichtigsten Fachbegriffe, die Voraussetzung für das Verständnis dieses Handbuchs und für den Umgang mit dem Thema sind: Im Anhang (I, s. S. 164) finden Sie ein „Kleines Wörterbuch des QM", das weitere wichtige Begriffe erklärt.

Der zentrale Begriff ist **Qualitätsmanagement (QM)**. Darunter ist der gesamte Prozess zu verstehen. Das Wort „manus" (lat.) bedeutet „Hand" und entsprechend „to manage" (engl.) „handhaben", „leiten". In der Organisation wird Qualität gehandhabt und Produkte oder Dienstleistungen unter „Qualität" als oberstem Kriterium erstellt. Qualitätsmanagement ist Aufgabe der gesamten Einrichtung und soll von den Führungskräften angeregt, unterstützt und vorgelebt werden. Es umfasst zugleich Qualitätsentwicklung und -sicherung. Im Rahmen der **Qualitätsentwicklung** werden konkrete und überprüfbare Vorgehensweisen entwickelt und definiert.

Deren Umsetzung wird regelmäßig durch Maßnahmen der *Qualitätssicherung* kontrolliert, überprüft und ggf. angepasst. Diese umfassen erstens alle Maßnahmen, um einmal erreichte Qualitätsstandards nicht mehr zu gefährden. Zweitens dienen alle Aktivitäten, die darauf abzielen, die Erwartungen aller Beteiligten zu ermitteln und in die Arbeit einzubeziehen, der Qualitätssicherung. Eine Grundvoraussetzung der Qualitätsentwicklung ist es, die Erwartungen der Kunden abzufragen.

Die Erwartungen der Kunden fließen in die *Qualitätspolitik* ein. Darunter versteht man die Absichten, Zielsetzungen und grundlegenden Vorgehensweisen einer Organisation bezüglich der Qualität. Hier werden das Leitbild und die Leitziele entwickelt.

DER KUNDE iST KÖNIG

Kunde und Qualität

Kunde nennt man den (auch potenziellen) Empfänger eines Produkts oder einer Dienstleistung. Übertragen auf den Bereich der Kitas sind Kunden die Kinder und Eltern. Dienstleistungen haben sich an den Bedürfnissen aller Kunden zu orientieren (sog. *Kundenorientierung*). Jedem Lieferanten müssen die Erwartungen seiner Kunden bekannt sein, denn mit ihrer Zufriedenheit findet eine Kundenbindung statt. Die Bedürfnisse der Kunden werden durch bestimmte Methoden, die im Falle der Kitas durch Leitung und Mitarbeiterinnen angewandt werden, ermittelt.

Was ist mit dem Begriff „Kunde" gemeint und wer ist Kunde einer Kita?

Die Kundenbedürfnisse finden sich in den Zielsetzungen des Dienstleistungsunternehmens wieder, aus denen sich dann die *Qualitätsstandards* für die Dienstleistungen ableiten lassen. Qualitätsstandards sind Maßstäbe, mit denen die gewünschte Ausprägung oder Häufigkeit des Auftretens bestimmter Ereignisse oder Eigenschaften in einer Einrichtung festgelegt werden. Die Qualitätsstandards stellen konkrete Handlungen dar und sind präzise und überprüfbar zu gestalten.

Qualitätsentwicklung und -sicherung findet auf drei verschiedenen Ebenen statt. Entsprechend wird die Qualität in Struktur-, Prozess- und Ergebnisqualität eingeteilt. Unter **Strukturqualität** sind situationsunabhängige, zeitlich stabile Rahmenbedingungen der Kindergartengruppe oder des Kindergartens zu verstehen. Sie enthält alles, was der Aufgabenerfüllung dient, wie Gruppengröße, Personalschlüssel, Öffnungszeiten, Räumlichkeiten, Finanzierung, Träger.

Die **Prozessqualität** bezieht sich auf alle Interaktionen mit den Kunden. Sie umfasst die Bedürfnisse der Kunden, die Qualitätspolitik und die Erhebung und Überprüfung von Standards. Dazu gehören die Erfahrungen, die ein Kind in einer Einrichtung machen kann ebenso, wie die Inhalte der Eltern- und Teamarbeit. Hier spiegeln sich die dynamischen Aspekte des Unternehmens Kindergarten wider. In der **Ergebnisqualität** werden die erarbeiteten Standards schriftlich festgehalten und in einem Qualitätshandbuch dokumentiert. Regelmäßige Verbesserungsgespräche sorgen für eine ständige Überprüfung der Ergebnisqualität.

Zentrales Instrument des QM-Prozesses ist das **Qualitätsmanagementhandbuch**. Es beinhaltet die Beschreibung der Aufbau- und Ablauforganisation und dokumentiert alle Schritte des QM-Prozesses. Das Qualitätsmanagementhandbuch ist eine lose Blattsammlung, die auf Richtigkeit und Aktualität ausgerichtet ist.

Zusammenfassung

Um Qualität zu entwickeln bzw. zu sichern, muss sie definiert werden.
Dies geschieht aus der Beschreibung der Tätigkeit an sich und
aus den Bedürfnissen, die an diese herangetragen werden. Wenn die
Erwartungen der Kunden durch die Dienstleistung erfüllt werden,
entsteht Qualität.
Qualität kann aus verschiedenen Perspektiven betrachtet werden.
Die Kosten-Nutzen-bezogene, anwenderbezogene, fertigungsbezogene
und transzendente Sichtweise sind auf den sozialen Bereich übertrag-
bar. Wichtig ist, dass der Kunde mit seinen Bedürfnissen den zentralen
Aspekt in der Qualitätsentwicklung darstellt. Ziele und Standards
werden von den professionellen Fachkräften entwickelt und gesichert.
Die gesamte Organisation wird in den Blick genommen und verbessert und damit die Kindertagesstätte zum qualitativ hochwertig
arbeitenden Dienstleistungsunternehmen. Qualitative Arbeit, wie
sie bereits geleistet wird, kann transparent und nachvollziehbar in die
Öffentlichkeit getragen werden und bietet Einrichtungen im sozialen
Bereich neue Wege zur Profilierung.

Kapitel 2

Die gesetzliche Grundlage

Der § 22 SGB VIII und die Qualität

In diesem Kapitel richten wir den Blick auf die Paragraphen 22 und 78 a ff. des Sozialgesetzbuches VIII (SGB VIII). Wir werden die Frage beantworten, welche gesetzliche Grundlage bezüglich Qualitätsentwicklung in Kitas vorhanden ist.
Im dritten Abschnitt des SGB VIII „Förderung von Kindern in Tageseinrichtungen und in Tagespflege" finden sich unter § 22 die „Grundsätze zur Förderung von Kindern in Tageseinrichtungen". Diese lauten im Einzelnen:

1 In Kindergärten, Horten und anderen Einrichtungen, in denen sich Kinder für einen Teil des Tages oder ganztags aufhalten (Tageseinrichtungen), soll die Entwicklung des Kindes zu einer eigenverantwortlichen und gemeinschaftsfähigen Persönlichkeit gefördert werden.
2 Die Aufgabe umfasst die Betreuung, Bildung und Erziehung des Kindes. Das Leistungsangebot soll sich pädagogisch und organisatorisch an den Bedürfnissen der Kinder und Familien orientieren.
3 Bei der Wahrnehmung ihrer Aufgaben sollen die in den Einrichtungen tätigen Fachkräfte und anderen Mitarbeiter mit den Erziehungsberechtigten zum Wohl der Kinder zusammenarbeiten. Die Erziehungsberechtigten sind an den Entscheidungen in wesentlichen Angelegenheiten der Tageseinrichtung zu beteiligen.

Ergänzt werden die erläuterten Grundsätze durch Kindergartengesetze auf Landesebene.

Konsequenzen aus diesen Grundsätzen für die Arbeit in den Kindergärten und Kitas

Was haben diese Grundsätze mit Qualitätsmanagement zu tun?

Punkt (1) enthält die Zielformulierung: die Förderung der Persönlichkeit des Kindes in zweierlei Hinsicht. Zum einen wird die Entwicklung des Kindes zu einer eigenverantwortlichen Persönlichkeit genannt. Damit ist die individuelle Seite beschrieben, das einzelne Kind steht im Mittelpunkt. Es gilt beim Kind die Fähigkeit, die eigenen Bedürfnisse wahrzunehmen und sie angemessen umzusetzen, zu schulen. In der Praxis stellt sich den pädagogischen Fachkräften die Frage, welche die wesentlichen Bedürfnisse des Kindes sind und wie diese in die Arbeit einfließen. Als Beispiel sei hier eine Situation angeführt, in der Ihnen ein Kind verdeutlicht, wie wichtig es ist, jetzt und sofort ein Eis zu bekommen. Mit einem Schmunzeln können Sie das Begehren wahrnehmen. Ihre Aufgabe wird es sein, das tatsächliche Bedürfnis dahinter zu erkennen: In manchen Situationen wird es wirklich die Lust auf ein Eis sein, und manchmal wird das Kind das Eis sogar genehmigt bekommen. In anderen Situationen werden Sie hinter dem Wunsch nach einem Eis ein wesentlicheres Bedürfnis erkennen: das nach Aufmerksamkeit und Zuwendung oder auch Hunger. Die Aufgabe der Erzieherinnen ist es, die wahren Bedürfnisse der Kinder zu erkennen und sie dementsprechend zu begleiten. Und neben der Beantwortung der Frage nach den wesentlichen Bedürfnissen ist es wichtig, die Kinder selbst in Situationen zu bringen, in denen sie ihre eigenen Bedürfnisse erkennen können und

ERZIEHERIN IM
PARAGRAPHENDSCHUNGEL

Möglichkeiten erhalten, eigene Entscheidungen zu treffen. Zum anderen hat die Förderung der Kinder die Gemeinschaftsfähigkeit zum Ziel. Was ist darunter zu verstehen? Hier wird der Blick auf die Gemeinschaft gerichtet, also wie die Gemeinschaft in einer Kita gestaltet werden sollte , damit die Kinder sie als Bereicherung erleben.

Beispiel: *Paolo ist drei Jahre alt und besucht erst seit wenigen Tagen den Kindergarten. Da zu Hause in seiner Muttersprache gesprochen wird, versteht er die anderen Kinder und auch die Erzieherinnen noch nicht. Oftmals sitzt er die wenige Zeit, die er in der Einrichtung verbringt, auf dem Schoß einer Erzieherin und weint.*

Auch an diesem Tag ist es wieder so. Der Morgenkreis steht an und Paolo sitzt auf dem Schoß der Erzieherin, die mit den Kindern den Tagesverlauf plant. Von einem Augenblick zum anderen steht der Junge auf, geht auf die Regale, in denen sich die Brettspiele befinden, zu, zieht ein Spiel nach dem anderen heraus und betrachtet die Spielfiguren.

Die anderen Kinder schauen zum Teil entsetzt, da Paolo eindeutig gegen Regeln verstößt, und zum Teil auch neugierig. Die Erzieherin wartet einen kurzen Moment und fragt dann die Kinder im Morgenkreis: „Fällt euch etwas auf?" „Er räumt einfach alle Spiele aus und das darf er nicht!" kommt als erste Antwort. Doch gleich darauf meint Xenia: „Er weint nicht mehr!" „O. k., dann denke ich, Paolo braucht das jetzt einfach. Und aufräumen können wir nachher mit ihm", schlägt die Erzieherin vor und die Kinder stimmen zu.

Das Kind erlernt in der Kita die Fähigkeit, in einer Gruppe oder Gemeinschaft zu leben. Wie im Beispiel deutlich wird, darf es sich nicht um einen starren Rahmen handeln, in dem nur Prinzipien einzuhalten sind. Kinder entwickeln Gemeinschaftsfähigkeit, wenn sie erfahren, gestaltend einwirken zu können, die Regeln mit zu entwickeln, einzuhalten oder Ausnahmen zuzulassen, und welchen Halt und Schutz die Gruppe geben kann. In Punkt (2) sind die Bereiche, in denen das Ziel „Förderung der Persönlichkeit des Kindes" erreicht werden soll, festgelegt: In den Bereichen Betreuung, Bildung und Erziehung. Mit Betreuung ist die Unterbringung der Kinder in einem organisierten pädagogischen Leistungsangebot umschrieben. Unter Erziehung ist die Bereitstellung von unterschiedlichsten, weitreichenden und an der Lebenssituation der Kinder orientierten Lern- und Erfahrungsmöglichkeiten zu verstehen. Die pädagogischen Fachkräfte begegnen und begleiten die Kinder mit einer Haltung grundlegender Akzeptanz. Hierzu gehört auch das konsequente und gemeinsam mit den Kindern Angehen und Lösen von Konflikten als intentionales und zielorientiertes Umgehen mit den Kindern (vgl. 10. Kinder- und Jugendbericht, S. 191). Unter Bildung ist die Förderung aller Sinne und Fähigkeiten des Kindes zu verstehen. Als Medium ist hier das Spiel in all seinen unterschiedlichen Ausgestaltungen zu nennen.

In Punkt (3) wird das „Wie" beschrieben, d. h. die Art und Weise des Vorgehens, wie das Ziel „Förderung der Persönlichkeit des Kindes" gestaltet werden soll. Stehen in den Punkten (1) und (2) die elementaren Bedürfnisse der Kinder im Mittelpunkt, wird hier ausdrücklich die Zusammenarbeit der pädagogischen Fachkräfte mit den Eltern eingefordert und sind die Eltern in Ergänzung zu Punkt (2) auch als Entscheidungsträger gefragt. Diese Formulierung ist weitreichender, da ein Perspektivenwechsel erfolgt. Es gilt, den Eltern die Möglichkeit zu geben, ihre Bedürfnisse direkt zu artikulieren.

In den gesetzlichen Grundsätzen kommen zusammengefasst zwei wesentliche Aspekte bezüglich Qualität und Qualitätsentwicklung in Kitas zum Ausdruck:

- Die in aller Deutlichkeit festgeschriebene Orientierung an den Bedürfnissen der Kinder und Familien.

Zur Erinnerung: Zentrales Merkmal von Qualität ist, wie in Kapitel 1 ausgeführt, die Wahrnehmung und Umsetzung der Bedürfnisse der Kunden.
- Der direkte Einbezug der Eltern bzw. Erziehungsberechtigten in die Kita-Arbeit.

Die §§ 78 a ff. SGB VIII und die Qualität

In den §§ 78 a ff. SGB VIII wird zum ersten Mal auch im Gesetzestext von Qualitätsentwicklung gesprochen. Diese Paragraphen sind seit dem 1. Januar 1999 im SGB VIII verankert und werden erst dann in Kitas angewendet, wenn Landesrecht dies bestimmt. Sie sind überschrieben mit „Vereinbarungen über Leistungsangebote, Entgelte und Qualitätsentwicklung". Den gesamten Gesetzestext finden Sie im Anhang (II, Anmerkung 1, s. S. 167).

Es handelt sich um die Grundlage von Vereinbarungen zwischen dem Träger der öffentlichen Jugendhilfe und freien Trägern (s. Abb. 1).

Was haben diese Paragraphen zum Inhalt?

Angenommen, Ihre Einrichtung befindet sich in freier Trägerschaft, z. B. der evangelischen Kirche. Ihr Träger beantragt zur Finanzierung der Einrichtung Mittel aus dem kommunalen Budget. Nach §§ 78 b und c hat der Träger das Leistungsangebot Ihrer Kita genau zu beschreiben. Darunter fallen die Platzzahl, die Betreuungszeiten, der personelle Aufwand und die Sachmittel. Reichte dies bisher zum Erhalt von Zuschüssen aus, ist mit Anwendung der §§ 78 a ff. auch nachzuweisen, wie Qualität in Ihrer Einrichtung entwickelt wird. Auf der Grundlage der beschriebenen Leistung und deren Qualität wird dann ein Entgelt vereinbart, das der öffentliche an den freien Träger entrichtet.

Abbildung 1: „Sozialrechtliches Dreieck"

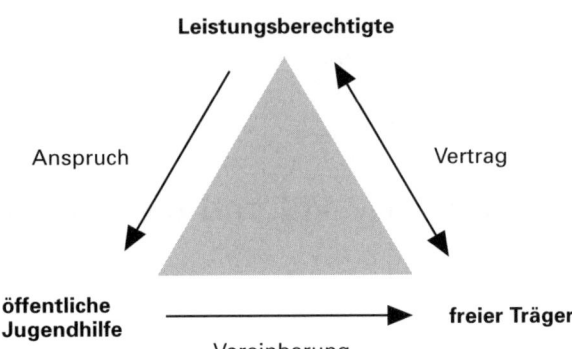

1. Leistungsberechtigte sind Kinder ab dem dritten Lebensjahr (§ 24 SGB VIII), vertreten durch ihre Eltern.
2. Öffentliche Jugendhilfe sind die örtlichen und überörtlichen Träger. Örtliche Träger richten Jugendämter ein (§ 69 SGB VIII).
3. Freie Träger bekommen nach dem Prinzip der Subsidiarität vom örtlichen Träger die Aufgabe übertragen (§ 4 Abs. 2, SGB VIII).

Herstellung und Gewährleistung von Qualität

Was ist aufgrund des SGB VIII unter Qualität zu verstehen?

An diesem Punkt erfolgt im Gesetzestext keine Festlegung, sondern es wird von Qualitätsentwicklung gesprochen. Was nichts anderes heißt, als dass Qualität in den Verbänden, bei den Trägern und in den Einrichtungen erarbeitet werden muss. Darin liegt die große Chance, da Qualitätsentwicklung in konkretem Bezug, also in den Einrichtungen selbst stattfindet. Durch die Wahl des Begriffs „Entwicklung" wird die Prozesshaftigkeit verdeutlicht (Anhang II, Anmerkung 2, s. S. 173). Mit anderen Worten: Ein für alle Kindergärten und -tagesstätten gültiges Patentrezept zur Qualitätsentwicklung und die exakte Bestimmung einer allgemein gültigen Kita-Qualität ist nicht vorhanden und vom Gesetzgeber letztlich auch nicht gewünscht.

Bezüglich der Vorgehensweise gibt es zwei Möglichkeiten. Die eine Möglichkeit besteht darin, Qualitätsentwicklung und vor allem auch deren Überprüfung zunächst als Aufgabe des freien Trägers und der Kita zu verstehen. Der öffentliche Träger wird demnach erst dann eine Überprüfung vornehmen, wenn Anhaltspunkte vorliegen, dass die vereinbarte Qualität nicht mehr besteht. Die andere Möglichkeit besteht darin, ein außerhalb der Trägerverantwortlichkeit liegendes Prüfungsverfahren zu installieren. In diesem Rahmen ist z. B. auch an eine Zertifizierung zu denken (Anhang II, Anmerkung 3, s. S. 174).

Qualitätsentwicklung und -überprüfung bilden einen Verbraucherschutz für den Leistungsberechtigten, also das Kind. Auch wenn wir uns mittlerweile in einer Wettbewerbssituation im Bereich der Kitas befinden, stellt sich weiterhin die Frage, wie frei die Kunden, also die Kinder und deren Eltern, tatsächlich in ihrer Wahl der Kita sind (Ortsgebundenheit, Kosten usw.), und ob sie vor allem überhaupt die Möglichkeit haben, schlechte Leistungen tatsächlich zu reklamieren.

Warum verankert der Gesetzgeber die Forderung nach Qualitätsentwicklung im Gesetz?

Zusammenfassung

Durch die §§ 78 a ff. werden Leistung, Qualität und Kosten konsequent zueinander in Beziehung gesetzt. Das vom öffentlichen an den freien Träger entrichtete Entgelt hat dem Angebot bzw. der Leistung der Kita zu entsprechen.
Mit den §§ 78 a ff. ist es für die Kinder- und Jugendhilfe unumgänglich geworden, sich mit dem Thema „Qualität und Qualitätsentwicklung" zu befassen. Das Angebot wird nicht nur quantitativ bemessen, sondern ist auch qualitativ zu entwickeln. Dies ist Aufgabe der öffentlichen wie freien Träger und deren Einrichtungen.

Kapitel 3

Die gesellschaftspolitische Dimension – 10. Kinder- und Jugendbericht

Kinder- und Jugendberichte werden regelmäßig vom zuständigen Bundesministerium herausgegeben. Je Wahlperiode wird ein Bericht erstellt. Die Berichte sind richtungsweisend für die Arbeit mit Kindern und Jugendlichen.

Der 10. Kinder- und Jugendbericht wurde von einer Sachverständigenkommission erarbeitet und vom Bundesministerium für Familie, Senioren, Frauen und Jugend am 25. 08. 1998 herausgegeben. Auf den Seiten 188 bis 210 finden sich unter Punkt C 2 die für Kindergärten und Kitas relevanten Ausführungen. Zu Beginn wird die gesellschaftliche Verantwortung der Tageseinrichtungen für Kinder dargestellt. Im Anschluss folgt die „Diskussion um die Qualität der Tageseinrichtungen für Kinder als Ausdruck notwendiger umfassender Neuorientierung". Die in diesem Bericht folgenden Ausführungen betreffen die Fachkräfte in den Einrichtungen, die Beiträge der Fachberatung zur Qualitätsentwicklung sowie die Fortbildung und Schulung des Personals zum Thema „Qualität" und die Forschung. Abschließend werden Empfehlungen ausgesprochen.

Zum einen wird die Bedeutung der Kindergartenerziehung hinsichtlich der Bildung genannt. Die Kinder entwickeln im Alter von drei bis sechs Jahren grundlegende Kompetenzen. Die Tageseinrichtungen haben sich ihres Stellenwerts hierbei bewusst zu sein. Dementsprechend ist die Aufgabe der Bildung der Kinder zu thematisieren und den qualitativen Anforderungen entsprechend auf den neuesten Stand zu bringen. Aufgrund der Wettbewerbssituation haben sich die Einrichtungen als Anbieter von qualitativ hochwertigen Dienstleistungen darzustellen. Das Angebot hat den Bedürfnissen der Kinder und Eltern gerecht zu werden, um im Wettbewerb mit anderen Anbietern bestehen zu können.

Wie auch immer „Qualität" definiert wird, entscheidend ist „auf welche Weise die Qualität der Arbeit in Tageseinrichtungen die Entwicklung der Kinder fördert" (10. Kinder- und Jugendbericht, S. 190). Die Qualitätsdiskussion wird weiter an Bedeutung gewinnen. Als Hintergrund wird dafür zum einen der Anspruch der Eltern genannt. Zum anderen werden die Träger der öffentlichen Kinder- und Jugendhilfe kontinuierliche Qualitätsentwicklung als Teil der vertraglichen Absprachen über die Finanzierung einfordern.

Von den Fachkräften ist zu prüfen, zu welchem Zweck und mit welchem Ziel ein QM-Prozess durchgeführt werden soll. Auf dieser Basis kann dann die Entscheidung für das Konzept zur Entwicklung von Qualität getroffen werden. Hinsichtlich einer Zertifizierung wird im Bericht deutlich gemacht, dass eine solche nur einen augenblicklichen Stand abbildet. Wichtig ist hingegen das erkennbare Bestreben einer Einrichtung, die Arbeit und das Angebot dauerhaft zu verbessern. Auch im 10. Kinder- und Jugendbericht wird damit deutlich die Prozesshaftigkeit von Qualitätsentwicklung hervorgehoben.

Zusammenfassend wird im Bericht eine bundesweite Qualitätsoffensive gefordert. Die Möglichkeit einer generellen Vergleichbarkeit aller Kitas hingegen wird verneint. Der Grund dafür liegt in den unterschiedlichen Bedingungen der einzelnen Bundesländer. Ergänzend dazu müsste ein bundesweit einheitliches Verständnis von Kindertagesstätten-Qualität vorhanden sein, um ein bewertendes Konzept anwenden zu können (vgl. Tietze, 1997). Ein solches Konzept würde vorschreiben, was unter pädagogisch hochwertiger Kita-Qualität zu verstehen ist und wie alle Einrichtungen zu arbeiten haben, mit der Konsequenz, dass die unterschiedlichen Rahmenbedingungen jeder einzelnen Kita und das Lebensumfeld der Kinder und Familien dabei keine ausreichende Berücksichtigung finden würden. Oder aber das Konzept müsste so allgemein abgefasst sein, dass es kaum noch eine Aussagekraft besäße.

Der Bericht gibt für die Arbeit in Kitas drei Grundorientierungen, die der Kind-, Familien- und Gemeinwesenorientierung vor, und fordert deren Weiterentwicklung: Die Erziehung hat in erster Linie danach zu fragen, was die pädagogischen Fachkräfte den Kindern anbieten können, damit sie ihre Ich-Identität aufbauen und ihren Subjektstatus festigen können *(Kindorientierung)*, und nicht danach, was Kinder lernen sollen oder welche Defizite sie haben. „Um diesen Prozess sensibel unterstützen zu können, ist es erforderlich, sich neu damit auseinander zu setzen, wie Kinder lernen. Tageseinrichtungen würden sich unter dieser Fragestellung vielleicht zu „Forschungsinstituten" entwickeln, in denen Kinder und Erzieher/innen eine Lerngemeinschaft auf Zeit bildeten, die den Prinzipien der Handlungsforschung verpflichtet wäre. Über Versuch und Irrtum, Hypothesenbildung und -überprüfung würde sowohl individuelle Problemlösungskompetenz ausgebildet als auch die Chance wahrgenommen werden können, sich selbst und die anderen besser kennen zu lernen. Das Tempo des Forschungsprozesses würde dabei gemeinsam bestimmt" (10. Kinder- und Jugendbericht, S. 192).

Bereits im 8. Kinder- und Jugendbericht von 1990 wurde eine verstärkte *Familienorientierung* eingefordert. Mit aller Deutlichkeit wird hier festgehalten, dass Kinder „heute weitgehend aus dem öffentlichen Leben verschwunden (sind). Straßen und Plätze sind nicht mehr die Orte, wo sich auch jüngere Kinder zum Spielen einfinden können, weil dies (...) zu gefährlich geworden ist und weil kaum noch lebendige Orte und Streifräume für Kinder übrig geblieben sind" (8. Kinder-

und Jugendbericht, S. 94). Somit sind die Kinder zunehmend darauf angewiesen, dass ihre Eltern Möglichkeiten für die Freizeit planen und schaffen. Folge der Entwicklung ist die Unmöglichkeit von spontanen Aktivitäten der Kinder. Kindheit findet fast nur noch auf „Inseln" wie in der Kinderturngruppe, in der Musik- oder Kunstschule statt und ganzheitliches Erleben im Wohnumfeld wird ersetzt durch organisierte Angebote unter Aufsicht. Die Schlussfolgerung, die in diesem Bericht von 1990 daraus gezogen wird, lautet: „Die familiennahe Gestaltung des Kindergartenlebens soll der Ausgrenzung von Kindern in spezialisierte Institutionen entgegenwirken, den Kindergarten für die Familien und seine Umwelt öffnen und die Teilhabe der Kinder am Leben in der Gemeinde bzw. im Stadtteil sichern" (8. Kinder- und Jugendbericht, S. 97). Mit anderen Worten: Die Kitas haben sich an den veränderten gesellschaftlichen Bedingungen und den sich daraus für die Kinder und deren Eltern ergebenden Bedürfnissen zu orientieren.

Im 10. Bericht wird nun festgestellt, dass hier weiterhin Handlungsbedarf besteht. Für die Einrichtungen heißt dies in der Folge, sich noch konsequenter den gesellschaftlichen Veränderungsprozessen, die die Familien mit unterschiedlichen Problemen konfrontieren, zu stellen und als Herausforderung aufzufassen. Es ist nach neuen Formen der Zusammenarbeit mit den Eltern zu suchen. „Die Fragen in diesem Zusammenhang lauten beispielsweise, was Tageseinrichtungen dafür tun können, die Belastung von Arbeitslosigkeit und ihre Auswirkungen auf das Familienleben zu verringern, oder wie Tageseinrichtungen dazu beitragen können, dass armutsbedrohte Familien nicht weiter in die Isolation geraten, welche Unterstützungsleistungen Tageseinrichtungen für Familien in Krisensituationen anbieten können" (10. Kinder- und Jugendbericht, S. 192).

Andererseits gilt es, eine veränderte Haltung zu gewinnen, denn „Eltern werden oft eher als Belastung denn als potenzielle Bündnispartner empfunden" (10. Kinder- und Jugendbericht, S. 192). Mit dieser Haltung ist dann eine offensive Nutzung elterlicher Kompetenzen möglich, was die Arbeit in den Einrichtungen bereichert.

Bezüglich der Weiterentwicklung der *Gemeinwesenorientierung* wird es als notwendig erachtet, über die Grenzen der Tageseinrichtung hinaus zu denken. So werden als Aufgabenbereiche für die pädagogischen Fachkräfte

- individuelle Beratung und Unterstützung,
- Vernetzung mit anderen Teilen der sozialen Infrastruktur,
- zielgerichtete Arbeit mit Kindern in der Öffentlichkeit und
- Wahrnehmung politischer Anwaltsfunktion genannt.

Gerade in diesem Zusammenhang wird die Professionalisierung mittels Zusatzqualifikationen und eine eindeutige gesellschaftliche Anerkennung des Erzieherinnen-Berufs angemahnt bzw. als Voraussetzung zur Übernahme solcher Aufgaben angesehen.

Zusammenfassung:

Der 10. Kinder- und Jugendbericht sagt bezüglich der Arbeit in Kitas und des Qualitätsmanagements Folgendes aus:

- Das Thema Qualität wird aufgrund von Konkurrenzsituation, der Ansprüche von Eltern und der Finanzierungssituation weiter an Bedeutung gewinnen.
- Die Qualitätsoffensive wird bundesweit gefordert.
- Im Mittelpunkt der Qualitätsbemühungen hat die Förderung der Entwicklung der Kinder zu stehen.
- Die Umsetzung von Qualität in die Kita-Praxis vollzieht sich über eine Orientierung an den Kindern und Eltern und deren Bedürfnissen sowie an einer Orientierung am Gemeinwesen.

Kapitel 4

Das Mysterium DIN EN ISO 9000 ff.

Sie fragen sich wahrscheinlich, ob es wirklich notwendig ist, sich mit einer Normenreihe, die aus der Wirtschaft kommt, zu beschäftigen. Zumal Sie sich hier mit einer Sprache auseinander setzen müssen, die eine Übertragung in den sozialen Bereich sehr schwierig macht.

Wir sind der Meinung, dass es gerade in der jetzigen Diskussion wichtig ist, diesen Ansatz genauer zu betrachten, da hier die grundlegende Struktur für einen QM-Prozess vorgegeben wird. Im Folgenden werden wir Ihnen die Normenreihe vorstellen, wichtige Begriffe klären und den QM-Prozess vereinfacht darstellen.

Grundsätze

DIN EN ISO bedeutet „Deutsche Industrienorm, Europa Norm, International Organization for Standardization". Diese Norm besagt, dass Allgemeingültigkeit für alle Unternehmen besteht, so wie z. B. ein DIN A4-Blatt immer die Maße 21 cm auf 29,7 cm hat. 1987 veröffentlichte man mit der DIN EN ISO die ersten fünf internationalen Normen über Qualitätssicherung, bekannt als die DIN EN ISO 9000er-Normen. Damals wurden die Normen als Ergebnis aller gültigen und allgemein anwendbaren Prinzipien zur Sicherung von Qualität festgelegt.

Die DIN EN ISO 9000 ff. bietet Grundzüge eines Qualitätsmanagementsystems, welches so allgemein gehalten ist, dass es auf jeden Arbeitsbereich übertragen werden kann. Durch dieses System, das lediglich eine Struktur vorgibt, die noch mit Inhalt gefüllt werden muss, wird die gesamte Organisation in den Blick genommen. Ziel der DIN EN ISO 9000 ff. ist die ständige Verbesserung der Qualität und die zunehmende Zufriedenheit der Kunden. Um dies erreichen zu können, bedarf es einer genauen Ermittlung der Kundenbedürfnisse. Von Seiten der Mitarbeiter gilt es, eine Qualitätspolitik zu entwerfen und in die Praxis umzusetzen. Die Qualitätspolitik beinhaltet damit die Absichten und Zielsetzungen einer Organisation. Durch gezielte Fehleranalyse soll sichergestellt werden, dass die Organisation hält, was sie verspricht, bzw. Fehler erkennt und ausräumt.

VOM UMGANG MIT MONSTERN.

Die DIN EN ISO 9000 (s. Abb. 2) enthält vier Unterbereiche von 9001–9004. In der Norm 9001 sind 20 Elemente aufgeführt, die zur Bestimmung von Qualität genutzt werden. Die Normen 9002 und 9003 enthalten Auszüge der Elemente, die zur Qualitätssicherung und Qualitätsendprüfung benötigt werden. 9004 bildet den Leitfaden für ein Qualitätsmanagementsystem und besteht aus vier Teilen. Der Leitfaden 9004, Teil 2, richtet sich an Dienstleistungsunternehmen und hat damit besondere Bedeutung für unser Unternehmen Kita.

Abbildung 2: Normenreihe Qualitätsmanagementsystem

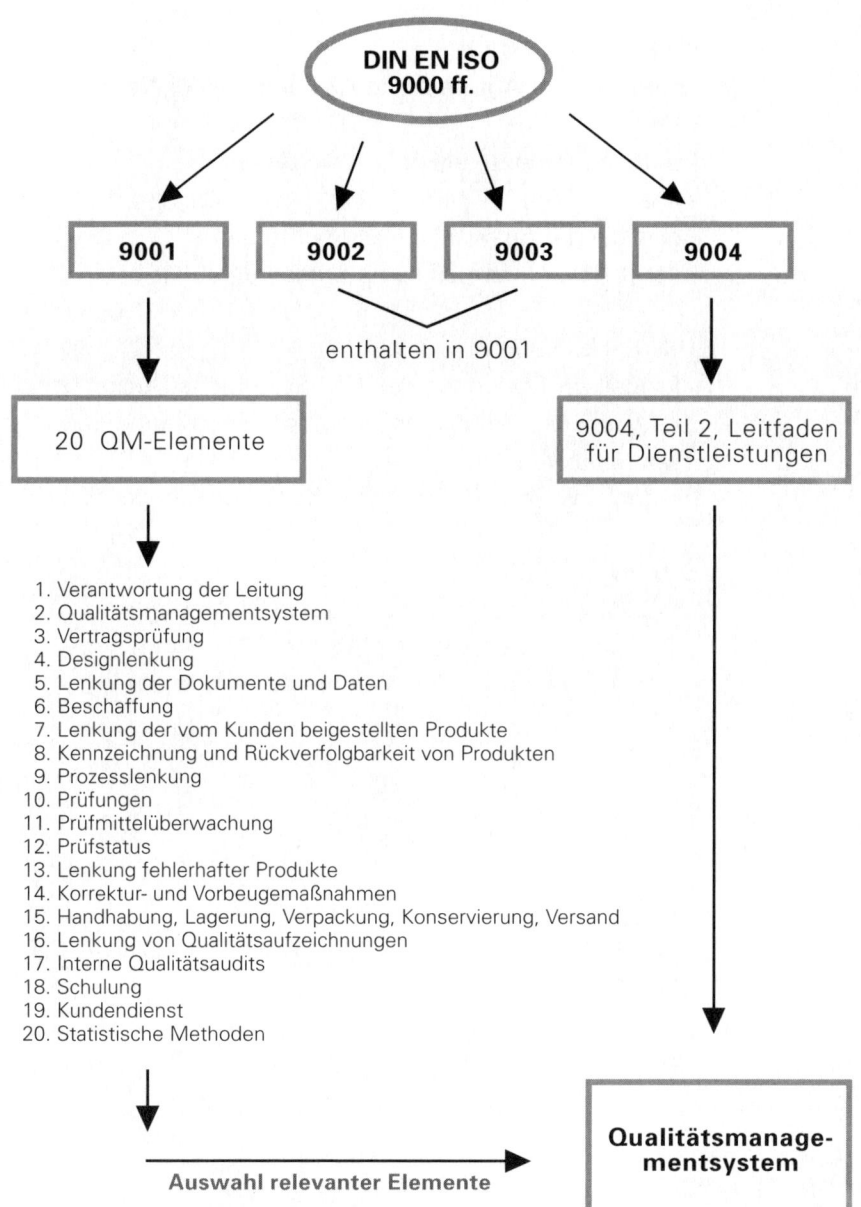

1. Verantwortung der Leitung
2. Qualitätsmanagementsystem
3. Vertragsprüfung
4. Designlenkung
5. Lenkung der Dokumente und Daten
6. Beschaffung
7. Lenkung der vom Kunden beigestellten Produkte
8. Kennzeichnung und Rückverfolgbarkeit von Produkten
9. Prozesslenkung
10. Prüfungen
11. Prüfmittelüberwachung
12. Prüfstatus
13. Lenkung fehlerhafter Produkte
14. Korrektur- und Vorbeugemaßnahmen
15. Handhabung, Lagerung, Verpackung, Konservierung, Versand
16. Lenkung von Qualitätsaufzeichnungen
17. Interne Qualitätsaudits
18. Schulung
19. Kundendienst
20. Statistische Methoden

Erläuterungen zur Abbildung 2:
Normenreihe Qualitätsmanagement

DIN EN ISO 9000 ff.:
- Leitfaden zur Auswahl und Anwendung der Normen zum QM,
- enthält Elemente eines QM-Systems,
- hat vier Teile,
- hilft bei der Auswahl der Elemente und
- sorgt für eine gemeinsame Sprachregelung.

DIN EN ISO 9001:
- Modell zur Darlegung des QM-Systems in Design bzw. Entwicklung, Produktion, Montage, Endprüfung und Kundendienst,
- enthält zwanzig Elemente zur Beschreibung der Qualität.

DIN EN ISO 9002:
- Modell zur Qualitätssicherung und Darlegung in Produktion, Montage und Wartung,
- das Design der Produkte ist hier bereits festgelegt.

DIN EN ISO 9003:
- Modell zur QM-Darlegung zur Endprüfung,
- Erkennen von Produktfehlern.

DIN EN ISO 9004:
- QM und Elemente eines Qualitätssicherungssystems – Leitfaden,
- besteht aus vier Teilen,
- 9004, Teil 2, Leitfaden für Dienstleistungen.

DIN EN ISO 9004, Teil 2

Betrachten wir im Folgenden die DIN EN ISO 9004, Teil 2, ge- **Bedeutung**
nauer. Dieser Teil von DIN EN ISO 9004 will Organisationen **der DIN EN**
und Unternehmen ermutigen, die Qualitätsaspekte ihrer **ISO 9004,**
Tätigkeiten bzw. Dienstleistungen wirksamer zu gestalten, **Teil 2,**
und befasst sich hauptsächlich mit den Erwartungen und der **für Kitas**
Zufriedenheit der Kunden sowie mit der Motivation der Mitarbeiterinnen und deren Schulung. Außerdem liefert er Elemente, die für einen QM-Prozess eines Dienstleistungsunternehmens von Bedeutung sind.

Der QM-Prozess umfasst alles, was zum Erbringen einer
Dienstleistung erforderlich ist, d. h. es werden, übertragen
auf den Kita-Bereich, alle Prozesse in den Blick genommen,
die dazu beitragen, dem gesetzlichen Erziehungs- und Bil-
dungsauftrag gerecht zu werden und eine größtmögliche Zufriedenheit der Kinder und Eltern herzustellen. Grundsätzlich
verschafft die erfolgreiche Anwendung eines QM-Prozesses
auf eine Dienstleistung der Einrichtung bzw. Organisation

- einen verbesserten Leistungsstand der Dienstleistung
  und eine höhere Kundenzufriedenheit,
- eine erhöhte Produktivität und Wirksamkeit und eine
  Verringerung der Kosten,
- einen größeren Marktvorteil.

Beachtet werden daneben die mit dem Erbringen einer
Dienstleistung verknüpften menschlichen Aspekte:

- Eine bewusste Handhabung der mit einer Dienstleistung
  verbundenen sozialen Prozesse.
- Die Betrachtung zwischenmenschlicher Beziehungen als
  einen wesentlichen Teil der Dienstleistungsqualität.

- Die Erkenntnis, wie wichtig die Vorstellungen eines Kunden vom Image, der Kultur und dem Leistungsstand der Dienstleistungsorganisation für die Kundenbindung sind.
- Die Entwicklung der Fertigkeiten und Fähigkeiten der Mitarbeiterinnen.
- Die Motivation der Mitarbeiterinnen, die Qualität zu verbessern, und die Erwartungen der Kunden zu erfüllen (vgl. DIN EN ISO 9004, Teil 2).

Die Kundenzufriedenheit steht im Mittelpunkt der Betrachtungsweise. Diese kann nach der DIN EN ISO 9004, Teil 2, nur gesichert werden, wenn in der Wechselwirkung zwischen der „Verantwortung der Leitung", dem „Personal", den „materiellen Mitteln" und der Struktur des „QM-Systems" ein Gleichgewicht besteht (s. Abb. 4).

In der Verantwortung der Leitung (1) liegt die Entwicklung der Qualitätspolitik für die Einrichtung, die Erarbeitung der Ziele und die Umsetzung des QM-Systems. Die Motivation der Mitarbeiterinnen für das QM-System ist Voraussetzung für die Durchführung. Das Personal (2) ist für die Durchführung eines QM-Systems zu schulen. In gleichem Maße sind Fortbildungen anzubieten, die zur Verbesserung der Qualität der zu leistenden Arbeit beitragen. Zur Aufgabe des Personals gehört die Kommunikation mit den Kunden. Für die Praxis bedeutet dies, dass die Kommunikation bewusst gestaltet wird und damit zur Zufriedenheit der Kunden beiträgt. Rufen wir uns ins Gedächtnis, welche Auswirkungen eine gute Bedienung und Beratung, z. B. in einem Modegeschäft, auf unser Kaufverhalten haben!
Um ein QM-System anwenden zu können, ist zu prüfen, welche materiellen Mittel (2) gebraucht werden. Welche finanzi-

ellen Mittel sind zusätzlich aufzuwenden, um das Personal ausreichend zu qualifizieren? Wird ein Unternehmen damit beauftragt, den QM-Prozess durchzuführen? Wie viele zusätzlichen Räume werden benötigt? Überdies muss geklärt werden, welche Elemente aus der DIN EN ISO 9004, Teil 2, benötigt werden, um die Qualität im Dienstleistungsbereich bestimmen zu können (3). Hier werden die Art der Dokumentation festgelegt und interne Qualitätsaudits, d. h. Verbesserungsgespräche eingeführt, um den Prozess der Qualitätsentwicklung zu reflektieren. Audits werden von Personen geleitet, die nicht direkt in die Qualitätsentwicklung involviert sind, da sie eine neutrale Position einnehmen müssen.

**Abbildung 4: Schlüsselaspekte eines Qualitätsmanage-
mentsystems nach DIN EN ISO 9004, Teil 2**

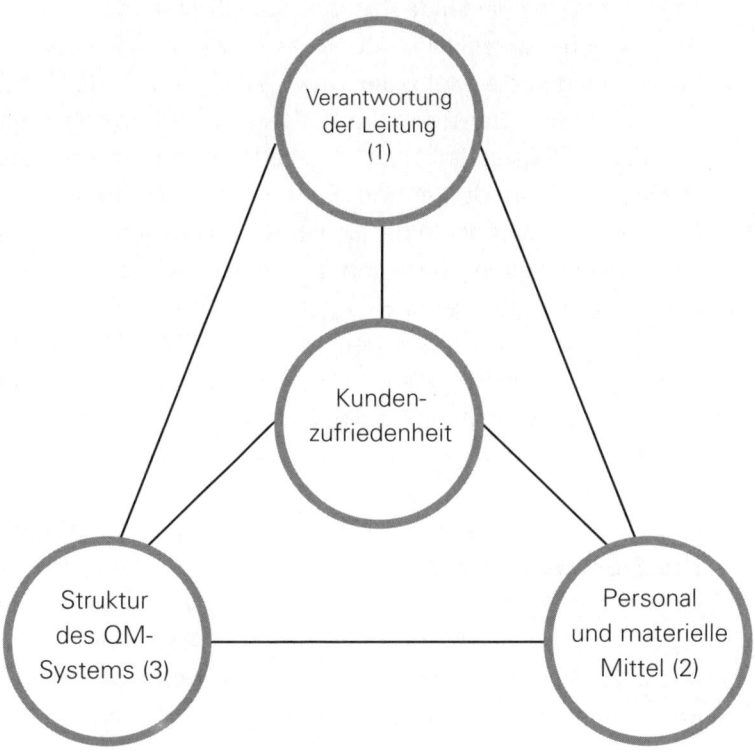

Verantwortung
der Leitung
(1)

Kunden-
zufriedenheit

Struktur
des QM-
Systems (3)

Personal
und materielle
Mittel (2)

Ablauf eines QM-Prozesses nach
DIN EN ISO 9004, Teil 2

Zu Beginn des QM-Prozesses steht der **Marketingprozess**. Darin werden Bedarf und Nachfrage nach einer Dienstleistung beurteilt und Kundenerwartungen festgestellt. Welche Konkurrenz besteht auf dem Markt, z. B. wie arbeiten andere Tageseinrichtungen? Auch ein Überblick über die Gesetzgebung ist notwendig, um daraus wichtige Vorgaben zu entnehmen. Mit den Antworten wird ein so genanntes Lasten- und Pflichtenheft für die Dienstleistung angelegt.

Es folgt der **Design- bzw. Entwicklungsprozess**. Dieser schließt die Umwandlung des Lasten- und Pflichtenhefts mit ein, d. h. „wie" haben wir „was" zu tun? Im Designprozess werden drei Schritte durchgeführt: Der erste Schritt besteht darin, die zu erbringende Dienstleistung genau darzustellen, d. h. welche spezifische Arbeit geleistet wird. Im zweiten Schritt werden die Methoden, das „Wie" geklärt, die für die Erbringung der Dienstleistung notwendig sind. Drittens werden die Schlüsseltätigkeiten innerhalb jeden Prozesses ausgemacht, die bedeutenden Einfluss auf die festgelegte Dienstleistung haben. In der Sprache der DIN-Norm wird dies als Qualitätslenkung bezeichnet. Als Beispiel sei die Arbeit mit Schulanfängern einer Kita genannt: Vieles kann mit den Kindern unternommen werden, um sie auf den kommenden Schulbesuch vorzubereiten. Doch welche Aktivitäten sind von wesentlicher Bedeutung für die Kinder und welche Methoden werden angewandt?

Nachdem das „wie" und „was" geklärt sind, wird die tatsächliche Dienstleistung kontrolliert und geprüft **(Prozess des Erbringens der Dienstleistung)**. Wenn Abweichungen vorhanden sind wird überwacht, in welcher Form diese in den Prozess eingegliedert werden, bzw. ob die Dienstleistung trotzdem erbracht wurde. Das Unternehmen legt für diese Prüfungen bestimmte Mittel und Methoden fest, wie Qualität

beurteilt werden kann. Anhand der Ergebnisse werden Korrekturmaßnahmen erarbeitet.

Der *Prozess der Analyse und Verbesserung der Dienstleistung* folgt am Schluss des QM-Prozesses. Hier wird die
Frage nach Möglichkeiten zur Verbesserung der Dienstleistungsqualität gestellt. Es sollte eine ständige Bewertung der
Dienstleistungsprozesse stattfinden. Das kann z. B. durch
Datensammlung und -analyse erfolgen. Diese Struktur des
Qualitätsmanagementprozesses wird in der DIN EN ISO
9004, Teil 2, im Qualitätskreis für Dienstleistungen veran-
schaulicht (s. Abb. 3, S. 48).

Dokumentation der Ergebnisse: Die Teile 1 bis 4 des Prozesses werden im zentralen Dokument des QMs, dem Qualitätsmanagementhandbuch, festgehalten.

Übertragung der DIN EN ISO 9004, Teil 2, auf den impulse-Qualitätsmanagementprozess

Die Normenreihe ist sehr umfangreich und unseres Erachtens zu komplex für den Bereich Tageseinrichtungen. Zudem
gilt es, die Sprache so zu wählen, dass eine Übertragung in
die Praxis möglich wird. Wir haben mit unserem impulse-Qualitätsmanagementprozess diesen Transfer der DIN EN ISO
9000 ff. in die soziale Arbeit geleistet. Die Struktur dieser
DIN-Norm wurde herangezogen, abgeändert und in die Sprache der sozialen Arbeit übersetzt. Die Motivation der Mitarbeiterinnen ist eine Grundvoraussetzung, um diesen Prozess
zu initiieren und durchzuführen. Die Kundenbedürfnisse, als
zentrales Element der DIN EN ISO 9000 ff., stellen die Grundlage für die Zielsetzung dar. In der DIN EN ISO 9000 ff. wird
vom Designprozess gesprochen und dies spiegelt sich in der
Leitbildentwicklung wie auch in der Erhebung von Zielen
und Standards wider. Der entscheidende Unterschied liegt in
der Umsetzbarkeit unseres impulse-Qualitätsmanagement-

Abbildung 3:
Qualitätskreis für Dienstleistungen, DIN EN ISO 9004, Teil 2

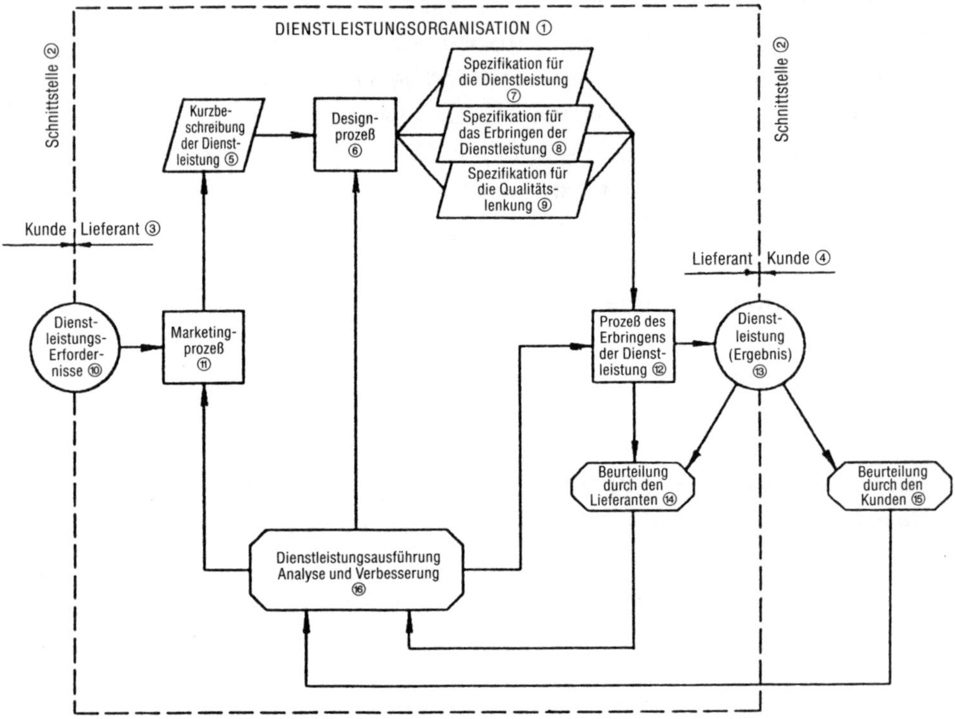

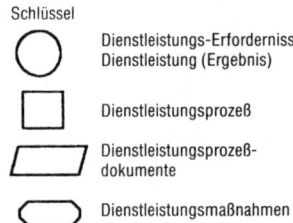

DIENSTLEISTUNGSORGANISATION ①

Schnittstelle ②

Kurzbeschreibung der Dienstleistung ⑤

Designprozeß ⑥

Spezifikation für die Dienstleistung ⑦

Spezifikation für das Erbringen der Dienstleistung ⑧

Spezifikation für die Qualitätslenkung ⑨

Kunde ǀ Lieferant ③

Lieferant ǀ Kunde ④

Dienstleistungs-Erfordernisse ⑩

Marketingprozeß ⑪

Prozeß des Erbringens der Dienstleistung ⑫

Dienstleistung (Ergebnis) ⑬

Beurteilung durch den Lieferanten ⑭

Beurteilung durch den Kunden ⑮

Dienstleistungsausführung Analyse und Verbesserung ⑯

Schlüssel

○ Dienstleistungs-Erfordernisse / Dienstleistung (Ergebnis)

□ Dienstleistungsprozeß

▱ Dienstleistungsprozeßdokumente

⬭ Dienstleistungsmaßnahmen

① Dienstleistungsorganisation
② Schnittstelle
③ Kunde   Lieferant
④ Lieferant   Kunde
⑤ Kurzbeschreibung der Dienstleistung
⑥ Designprozeß
⑦ Spezifikation für die Dienstleistung
⑧ Spezifikation für das Erbringen der Dienstleistung
⑨ Spezifikation für die Qualitätslenkung
⑩ Dienstleistungs-Erfordernisse
⑪ Marketingprozeß
⑫ Prozeß des Erbringens der Dienstleistungen
⑬ Dienstleistung (Ergebnis)
⑭ Beurteilung durch den Lieferanten
⑮ Beurteilung durch den Kunden
⑯ Dienstleistungsausführung, Analyse und Verbesserung

prozesses im Vergleich zur DIN EN ISO 9000 ff. Diese zeigt eine allgemeingültige Struktur für ein Qualitätsmanagement auf. Der impulse-Qualitätsmanagementprozess bietet eine Struktur, die Kitas angepasst ist. Erläutert mit vielen fachlichen Ausführungen kann diese in die Praxis umgesetzt werden.

Zusammenfassung

Mit der DIN EN ISO 9000 ff. wird eine zunehmende Kundenzufriedenheit in den Mittelpunkt der Betrachtungen gerückt und damit eine Bindung der Kunden an die Organisation erreicht. Übertragen in den Kita-Bereich bedeutet dies für die pädagogischen Fachkräfte, sich immer wieder zu fragen: „Was brauchen die Kinder?" „Wie geht es den Kindern?" „Wie zufrieden sind die Eltern?" Diese Fragen werden systematisiert erhoben und anhand der Antworten Fehlerstellen analysiert. So gelangt die gesamte Organisation auf den Prüfstand und es kann eine Verbesserung in allen Bereichen des Dienstleistungsunternehmens stattfinden.

Durch die Festlegung der Informationswege, Verantwortlichkeiten und Befugnisse wird für alle Kunden Transparenz sowohl nach innen als auch nach außen geschaffen. Die Tätigkeiten, die für die Qualität des Unternehmens von Bedeutung sind, werden deutlich herausgestellt.

Kapitel 5

In neun Schritten zur Qualität – Der impulse-Qualitätsmanagementprozess

Entstanden ist der impulse-Qualitätsmanagementprozess aufgrund unserer langjährigen Erfahrung in der Leitung von Kitas und als Fortbildungskräfte zu den Themen „Teamarbeit" und „Konzeptionsentwicklung". Unser Ziel ist es, den Prozess der Qualitätsentwicklung und -sicherung von Anfang bis Ende für Kitas praxisnah zu gestalten. Dieser Prozess, in seiner Gesamtheit durchlaufen, stellt Verbindlichkeit in der Umsetzung der aufgestellten Ziele her. Allerdings: So wie sich die deutsche Automobilindustrie gegen die Einführung der Qualitätsnormen gesträubt hat, spüren und hören wir gerade an diesem Punkt Widerstand bei den pädagogischen Fachkräften in den Kitas: „Sollen wir die Kinder in Schablonen pressen?" „Wir lassen uns doch nicht mit Sternchen bewerten!" „Was sollen da überhaupt für Maßstäbe gelten?"

Die Maßstäbe bestimmen Sie für Ihre Einrichtung. Wir bieten lediglich den Ablauf dazu und am Ende des gesamten QM-Prozesses gehen wir erneut hinein in die Qualitätsentwicklung, um nicht still zu stehen und auf Ergebnissen, die vor Jahren festgelegt wurden, zu beharren. Auf diese Weise wird die „lernende Kita" installiert. An die Mitarbeiterinnen werden höchste Anforderungen gestellt. Belohnt werden Sie mit einer Sicherheit und Professionalität im Handeln, die immer wieder auf ihre Aktualität hin überprüft wird.

Umsetzung des impulse-Qualitäts-managementprozesses

Die neun Schritte des impulse-Qualitäts-management-prozesses

Wir stellen den Gesamtablauf des impulse-Qualitätsmanage-mentprozesses so dar, dass er in jeder Einrichtung praktisch durchgeführt werden kann. Als Grundlage dienten uns die Struktur der DIN EN ISO 9001 und 9004, Teil 2: Indem wir die für die Arbeit in Kitas relevanten Elemente herausgegriffen und überarbeitet haben, sind neun Schritte entstanden. Die Schritte bauen aufeinander auf. Sie verteilen sich auf drei Qualitätsebenen: Die Schritte eins bis drei gehören zur Struk-turqualitätsebene, die Schritte vier bis sieben sind der Pro-zessqualität zuzuordnen und die Schritte acht und neun der Ergebnisqualität (s. Abb. 5).

Zunächst müssen die Mitarbeiterinnen motiviert und von der Notwendigkeit eines QM-Prozesses überzeugt (Schritt 1) und die Verantwortlichkeiten festgelegt werden (Schritt 2). Diese Schritte sind notwendig, um Ängste auszuräumen, Missver-ständnisse zu vermeiden sowie Verantwortungen und Aufga-ben klar festzulegen.

Im dritten Schritt werden die Struktur und die Ressourcen der Organisation ermittelt und im vierten Schritt die Kundenbedürf-nisse und -erwartungen abgefragt. Der Entwurf der Qualitäts-politik ist Thema des fünften Schrittes. Mit diesen Ergebnissen wird Schritt 6 ausführlich bearbeitet, d. h. es werden die für alle verbindlichen Ziele und Standards erhoben. Überprüft werden diese im siebten Schritt. Schritt 8 widmet sich der Ordnung und Sichtung des Qualitätshandbuchs. Dieses zentrale Instru-ment des QM-Prozesses begleitet die gesamte Qualitätsent-wicklung. Hier werden die Ergebnisse der einzelnen Schritte dokumentiert und abgeheftet. Verbesserungsgespräche und Audits finden im neunten Schritt (s. S. 154) statt. Dieser dient damit der permanenten Verbesserung des QM-Prozesses.

Abbildung 5: Bildliche Darstellung des impulse-Qualitätsmanagementprozesses

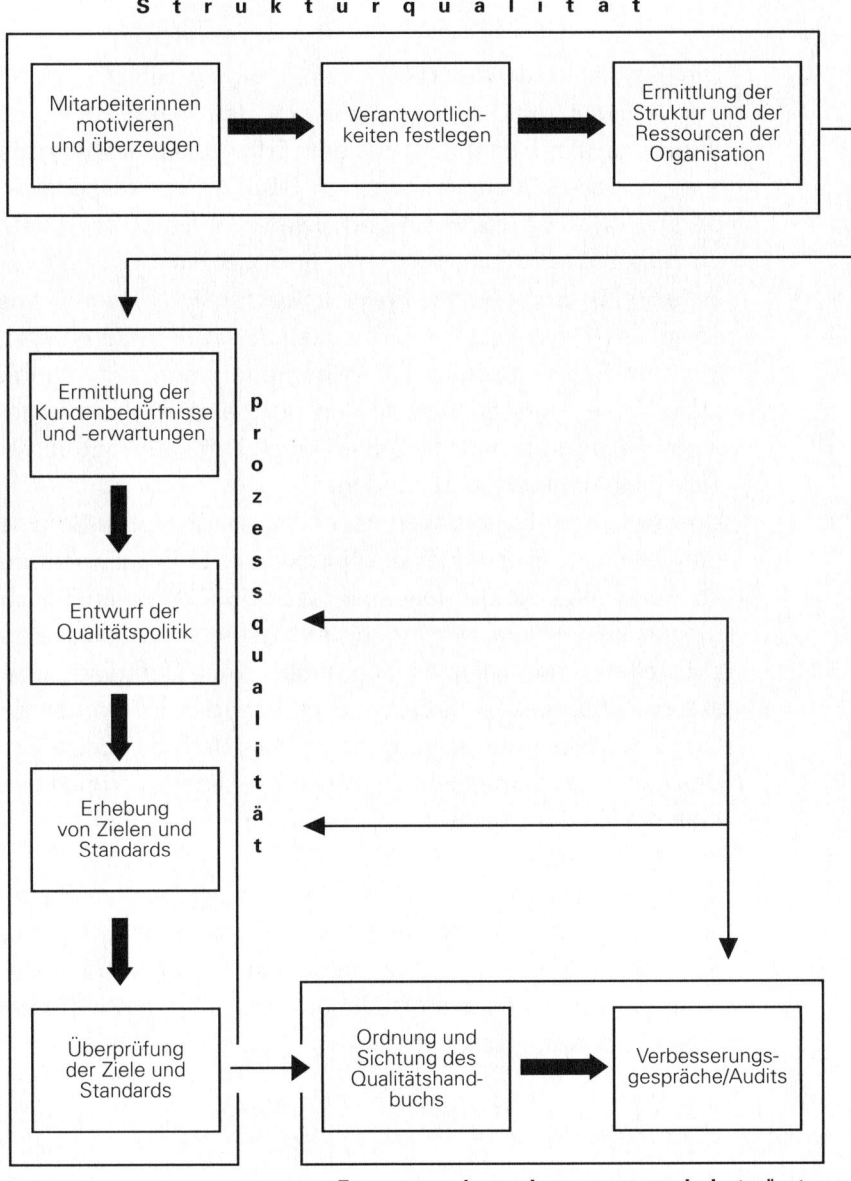

Schritt 1: Motivation der Mitarbeiterinnen

Der aus zwei Teilen bestehende erste Schritt befasst sich mit der Motivation und Überzeugung aller Beteiligten. Es ist von grundlegender Bedeutung für den Erfolg eines QM-Prozesses, dass alle Mitarbeiterinnen von Beginn an umfassend einbezogen werden. Denn sie sind diejenigen, die den Qualitätsprozess später durch- und ausführen bzw. die erarbeiteten Ziele und Standards in die Praxis umsetzen. Für diesen Schritt sollte daher ausreichend Zeit investiert werden. Zu empfehlen sind Schulungen für die Mitarbeiterinnen zum Thema „QM". Diese Aufgabe kann von der Leiterin, dem Träger, einer Fachberaterin oder einer Qualitätsbeauftragten von außerhalb übernommen werden.

Unsere besten Erfahrungen haben wir mit In-House-Seminaren gemacht. Hier findet die Fortbildung in der Einrichtung statt und das gesamte Team nimmt teil. Bei kleineren Einrichtungen besteht die Möglichkeit sich zusammenzuschließen, z. B. alle kommunalen Einrichtungen einer Gemeinde oder alle Einrichtungen – gleich welcher Trägerschaft – an einem Ort. Der Vorteil dieser Vorgehensweise liegt auf der Hand: Das gesamte Team hat den gleichen Wissensstand und keine Kollegin ist die Expertin, der die anderen nur staunend zuhören können.

Der erste Teil dieses Schrittes besteht in der Darstellung des gesamten QM-Prozesses und seinen Vorteilen. Wichtige und grundsätzliche Fragen können bereits an dieser Stelle geklärt werden. Eine häufig gestellte Frage lautet z. B.: „Wie soll das Ganze überhaupt funktionieren?"

Methode: *Die Schritte des QM-Prozesses werden einzeln auf einem DIN A4-Blatt notiert. Die Moderatorin heftet einen Schritt nach dem anderen an die Wand und erläutert ihn in aller Kürze. Diese Information sollte die Dauer von 30 Minuten nicht überschreiten.*

Im zweiten Teil dieses Schrittes finden alle Bedenken, Ängste und offenen Fragen der Mitarbeiterinnen ihren Platz. Diese sollen ausgesprochen, diskutiert und beantwortet werden.

Vorbereitung der Leitung auf die Motivation der Mitarbeiterinnen

Methode: *Sie stellen sich in Gedanken vor Ihr Team und fragen sich, was für und was gegen die Durchführung des QM-Prozesses spricht. Welche Stimmen, positive wie negative, hören Sie? Listen Sie nach „pro" und „contra" alle auf und ordnen Sie die Antworten den konkreten Teammitgliedern zu. Nehmen Sie sich dafür 30 Minuten Zeit. Diese Methode führen Sie durch, um sich auf die Bedenken Ihrer Mitarbeiterinnen einzustellen. Sie ersetzt nicht die Notwendigkeit, alle auch tatsächlich zu hören!*

Wie lassen Sie Ihre Mitarbeiterinnen zu Wort kommen?

Methode: *Sie arbeiten mit einem Brainstorming. Zuvor haben Sie zwei große Plakate an die Wand gehängt. Eines ist mit „pro" überschrieben, das andere mit „contra".*
Die Moderatorin stellt die Leitfrage: „Was spricht für, was spricht gegen die Durchführung eines QM-Prozesses?" Die Leitfrage wird aufgeschrieben und über den beiden Plakaten befestigt. Nun werden alle Teammitglieder aufgefordert, sich zu der Frage spontan zu äußern und ihre Gedanken mitzuteilen. Stichwortartig werden alle (!) Antworten notiert und dem „pro"

bzw. dem „contra" zugeordnet. Als zeitliche Begrenzung empfehlen wir 15 Minuten für die Sammlung. Wichtiger ist der unmittelbar anschließende Austausch im Plenum. Hier ist jetzt Zeit, alle Kurzantworten genauer darzustellen und zu diskutieren. Dafür setzen Sie zwischen 45 und max. 75 Minuten an.

Je nach Größe und Zusammensetzung des Teams bestehen Variationsmöglichkeiten für diese Methode. Ist das Team sehr groß, kann die Stichwortsammlung in Kleingruppen erfolgen.

Dominieren die lautstarken Mitarbeiterinnen und kommen die Stillen nicht zum Zug?

Methode: In diesem Fall erhalten alle Mitarbeiterinnen eine bestimmte, nach der Größe des Teams bemessene Anzahl Papierstreifen in zwei verschiedenen Farben (max. 5 Stück pro Teilnehmer). Auf jedem Papierstreifen sollte Platz für maximal drei Reihen bzw. sieben Wörter sein, d. h. Sie verwenden dreigeteilte DIN A4-Blätter. Die eine Farbe, z. B. grün, dient der Sammlung positiver Aspekte, die andere Farbe, z. B. rot, der Nennung der negativen. Jede Mitarbeiterin schreibt einzeln ihre Antworten zur Leitfrage nieder. Die Zeitvorgabe bleibt bei 15 Minuten. Danach sammelt die Moderatorin die Blätter ein und liest sie laut vor. Die grünen Streifen werden unter „pro", die roten unter „contra" angeheftet. Jede Mitarbeiterin kann ihre angeführten Aspekte erläutern. Anschließend erfolgt eine Diskussion im Plenum.

Als wesentlicher Einwand wird in der Regel die Dauer eines solchen QM-Prozesses angeführt. Während Fortbildungen oder In-House-Seminaren hören wir häufig die Fragen: „Wie sollen wir das auch noch machen? So ein Prozess dauert doch viel zu lange und unsere tägliche Arbeit ist damit immer noch nicht gemacht! Und schon gar nicht das Sommerfest gefeiert!"

Zunächst sind diese Einwände berechtigt und ernst zu nehmen: Für den QM-Prozess benötigen Sie ausreichend Zeit. Als Rahmengröße setzen wir eineinhalb Jahre an. Als Richtangabe sind in diesem Zeitraum etwa sechs ganze Tage, die monatlichen AG-Nachmittage und monatlich eine Teamsitzung einzuplanen. Die Dauer hängt von der Team- und Einrichtungsgröße ab. Sie verkürzt sich durch bereits geleistete Vorarbeit, wie z. B. eine vorhandene Konzeption.

Zeitplanung

Neben den monatlichen Teamsitzungen und AG-Nachmittagen sind in manchen Einrichtungen, je nach Träger, Klausurtage vorgesehen. Außerdem können die in diesem Zeitraum vorhandenen Fortbildungstage der einzelnen Mitarbeiterinnen eingesetzt werden. Wird zu Zeiten gearbeitet, in denen die Einrichtung geschlossen hat, also am Freitagnachmittag oder am Wochenende, werden Schließzeiten vermieden. Der Ausgleich kann dann individuell von Mitarbeiterin zu Mitarbeiterin geregelt und eventuell durch eine Kraft, die als Krankheitsvertretung einspringt, abgedeckt werden. Bei der Planung ist

„Und woher nehmen wir die Zeit?"

57

dies mit dem Träger genau abzusprechen, damit die zusätzlich gearbeiteten Zeiten tatsächlich ausgeglichen werden können.

Methode: *Setzen Sie sich mit dem Team zusammen und sammeln Sie alle Vorschläge zur Frage „Woher nehmen wir uns die Zeit für den QM-Prozess?" Setzen Sie für das Brainstorming ca. 15 Minuten an. Die gleiche Vorgehensweise wenden Sie mit dem Träger und dem Elternbeirat an. Auf diese Weise entstehen eine größere Anzahl Lösungsmöglichkeiten.*
Wählen Sie alle brauchbaren Vorschläge aus und entwickeln Sie einen Zeit-plan für die Dauer des QM-Prozesses. Skizzieren Sie eine Zeitschiene auf einem großen Plakat und terminieren Sie so genau wie möglich; halten Sie fest, bis zu welchem Datum welcher Schritt erfolgt sein soll.

Nach dem Durchlauf des QM-Prozesses ist halbjährlich eine Teamsitzung einzuplanen. Diese dient der Überprüfung und Verbesserung (s. Schritt 9, Verbesserungsgespräche).

„Und was haben wir von einem solchen Zeitaufwand?" Der Gewinn ist vielfältig. Neben einer Professionalisierung der gesamten Arbeit, was sowohl Ihnen als auch den Kunden zugute kommt, gewinnen Sie Zeit. Durch die Leitbildentwick-lung, das Aufstellen von Richtungs- und Handlungszielen und den daraus abgeleiteten Standards ersparen Sie sich immer wieder aufkommende Grundsatzdiskussionen im Team. Neue Mitarbeiterinnen finden eine klare Orientierungsgrundlage vor. Die Verfahrenswege sind eindeutig beschrieben und Sie können prozessorientierte Lösungen erarbeiten.

Schritt 2: Verantwortung der Leitung

Nachdem im ersten Schritt die Mitarbeiterinnen motiviert worden sind und bei allen die Einsicht vorhanden ist, einen QM-Prozess durchzuführen, sind im zweiten Schritt die Verantwortlichkeiten festzulegen, d. h. die Aufgaben und Zuständigkeiten der Leitung und des Trägers im Rahmen des Qualitätsmanagementsystems zu definieren. Die Aufgaben der Leitung einer Einrichtung bestehen darin:

- Die Qualitätspolitik, d. h. die Absichten und Zielsetzungen (Leitbild und Leitziele) der Einrichtung sowie die auf Dauer angelegte Vorgehensweise zur Entwicklung und Sicherung von Qualität mit den Mitarbeiterinnen zu entwerfen, so dass sie von allen verstanden, verwirklicht und aufrechterhalten werden kann. Wir sprechen hierbei vom Dach des QM und bereits daraus wird ersichtlich, wie wichtig es ist, diesen Schritt gemeinsam zu vollziehen. Ein Haus, in das es hineinregnet, ist auf Dauer unbewohnbar (s. Schritt 5, S. 79).
- In Abstimmung mit den Mitarbeiterinnen die Ziele und Standards (konkrete Handlungs- und Vorgehensweisen; s. Schritt 6, S. 85) zu erarbeiten und festzulegen.
- Instrumente und Maßnahmen einzuführen, um Ziele und Standards überprüfen zu können. Ohne regelmäßige Überprüfung der Ziele und Standards würden wir in einer Einrichtung statisch, wie sture Bürokraten, die einmal festgelegten Standards vollziehen bzw. das „Konzept zur leeren Hülle" werden und nicht in Übereinstimmung mit der Kita-Realität stehen. Von einem Prozess dürften wir nicht mehr sprechen und die Grundidee des QM würde ad absurdum geführt werden. Ziele und Standards sind somit weder etwas vollkommen Statisches noch etwas vollkommen Beliebiges.

Innerhalb des QM-Prozesses sollten sie immer wieder auf das Leitbild einer Kindertagesstätte zurückgeführt werden können. Dennoch kann die Praxis zeigen, dass ein Standard variiert werden muss (s. Schritt 7, S. 141).

Wenn möglich, v. a. für größere Einrichtungen oder Zusammenschlüsse von Einrichtungen, sollte in Absprache mit den Mitarbeiterinnen eine Qualitätsbeauftragte bestimmt werden. Die Qualitätsbeauftragte wird von einem Teil ihrer üblichen Aufgaben freigestellt und koordiniert die Maßnahmen zum QM in der Einrichtung. Sie dient als Beraterin für die Durchführung einzelner Maßnahmen im Team oder in Einzelbereichen der Einrichtung. Zur Qualifikation der Qualitätsbeauftragten empfehlen wir begleitende Schulungen.

Aufgaben der Leitung

Die Leitung hat den gesamten QM-Prozess zu initiieren, zu überblicken sowie für die übersichtliche Darstellung des aktuellen Stands des Prozesses zu sorgen. Die Verantwortung der Leitung liegt außerdem in der Analyse der Tätigkeiten und Aufgaben der Einrichtung und in der Verteilung der Zuständigkeiten an einzelne Mitarbeiterinnen. Die Leitfragen lauten: „Was ist zu tun?" und „Wer macht was?"

In diesem Sinne gehört es zu den Aufgaben der Verantwortlichen, die Zuständigkeiten und Aufgaben der Mitarbeiterinnen für einzelne Bereiche zu verteilen, um:

- Die gemeinsam festgelegten, übergreifenden Ziele im Verantwortungsbereich der einzelnen Mitarbeiterinnen umzusetzen. Für die einzelne Erzieherin stellt z. B. ihre (Stamm-)Gruppe oder auch ihr Funktionsbereich einen Verantwortungsbereich dar. Nun gilt es zum einen, die Standards, z. B. für die Frühstückssituation, umzusetzen, und zum anderen, dies den Praktikantinnen zu erläutern.

Ebenso können Verantwortungen für Räume oder Sachbereiche, wie z. B. „Grundlagen der kindlichen Ernährung", vergeben werden.

- Konkrete Qualitätsziele für die jeweiligen Bereiche gemeinsam mit den beteiligten Mitarbeiterinnen zu entwickeln.
- Für die kontinuierliche Verbesserung der Arbeitsabläufe und Tätigkeiten zu sorgen.

Ziel ist es, Qualitätsmanagement in einer Einrichtung systematisch umzusetzen, mit Leben zu füllen und damit einen Qualitätsmanagementprozess auf Dauer zu etablieren.

Methode: *Zur klaren Übersicht legen Sie entsprechend der Leitfragen eine Tabelle bzw. eine so genannte Aufgabenmatrix an (s. Abb. 6).*

Abbildung 6: Aufgabenmatrix

Wer?	Was?	Wann?
Kollegin A	Instrumente zur Überprüfung von Standards sichten	bis zurTeamsitzung am...
Kolleginnen B und C	Bögen zur Bedürfniserhebung erstellen	bis zum Klausurtag am...
Leitung	Methoden zum Entwurf der Qualitätspolitik entwickeln	bis zum Klausurtag am...
Leitung	Fortbildungen zum QM ermitteln	in den nächsten 2 Wochen
Träger	Vermittlung des Trägerleitbildes	bis zum...
...	...	...

Schritt 3: Ermittlung des Ist-Zustandes der Einrichtung

Im dritten Schritt wird die Frage „Was haben wir" beantwortet. Um Ziele und Standards in einer Einrichtung festlegen zu können, muss zunächst der Ist-Zustand ermittelt werden, da sich dieser Bereich unmittelbar auf die Prozessqualität auswirkt. Es wäre z. B. unsinnig, als Ziel Einzelarbeit mit auffälligen Kindern anzugeben, wenn die Räumlichkeiten dazu fehlen. Wir beschreiben den Ist-Zustand anhand der Struktur und der Ressourcen einer Einrichtung.

Struktur einer Einrichtung

Was ist mit dem Begriff „Struktur" gemeint? Als Struktur definieren wir situationsunabhängige, zeitlich stabile Rahmenbedingungen. Zur Struktur einer Kindertagesstätte gehören Gruppengröße, Personalschlüssel, Öffnungszeiten, Räumlichkeiten, die Art und Weise der Finanzierung und der Träger.

Bei der Frage nach den Rahmenbedingungen lassen sich unserer Erfahrung nach nicht alle genannten Punkte von jeder Mitarbeiterin exakt beantworten. In diesem Schritt wird daher gemeinsam eine Übersicht erarbeitet. Die kompakte Darstellung gehört ins Qualitätshandbuch, damit sich jede einen genauen Überblick verschaffen kann (vgl. Schritt 8, Seite 150). In der Abb. 7 finden Sie ein Beispiel für eine dreigruppige Einrichtung in konfessioneller Trägerschaft zu Ihrer Orientierung. Ergänzend könnte dieses Schaubild z. B. mit Erläuterungen versehen werden, aus denen bestimmte Zuständigkeiten hervorgehen:

1. Die Hauptverantwortung trägt die Leitung. Entscheidungen werden im Gesamtteam getroffen.

2. Die drei Räume der Stammgruppen sind als Funktionsräume gestaltet. Sie haben folgende Themen: Bauen und
Konstruieren, Atelier und Sinneswahrnehmung. Zusätzlich
sind im Raumprogramm ein Rhythmikraum, eine Küche
und das Außengelände vorhanden. Jede Mitarbeiterin ist
für einen vereinbarten Zeitraum für einen Bereich zuständig.

Darstellung der Struktur Ihrer Einrichtung

Methode: *Sie teilen ihr Team in zwei, maximal drei Kleingruppen. Jede
Gruppe erstellt ein Bild der Einrichtung auf einem DIN A1-Bogen. Jedes
Bild hat folgende Elemente zu enthalten:*

- finanzielle Situation,
- Träger,
- Organisation,
- Kinder/Platzanzahl,
- Personal/personelle Besetzung,
- Öffnungszeiten,
- Räume/räumliche Situation.

*Innerhalb eines Zeitraums von 30 Minuten wird eine möglichst sinnvolle
und übersichtliche Anordnung aller Elemente überlegt. Anschließend werden
die Entwürfe im Plenum vorgestellt und daraus ein bestmöglicher Gesamt-
entwurf gewonnen. Nehmen Sie sich auch dafür wieder 30 Minuten Zeit.*

Sie haben nun ein sog. Organigramm Ihrer Einrichtung entworfen. Der Begriff „Organigramm" stammt aus der Organisations-
entwicklung und beinhaltet die Darstellung einer Organisation mit
allen wesentlichen Aspekten, Funktionen und organisatorischen
Abläufen anhand eines Schaubildes. Grundsätzliches an ein Organigramm zu stellendes Kriterium ist die Übersichtlichkeit.

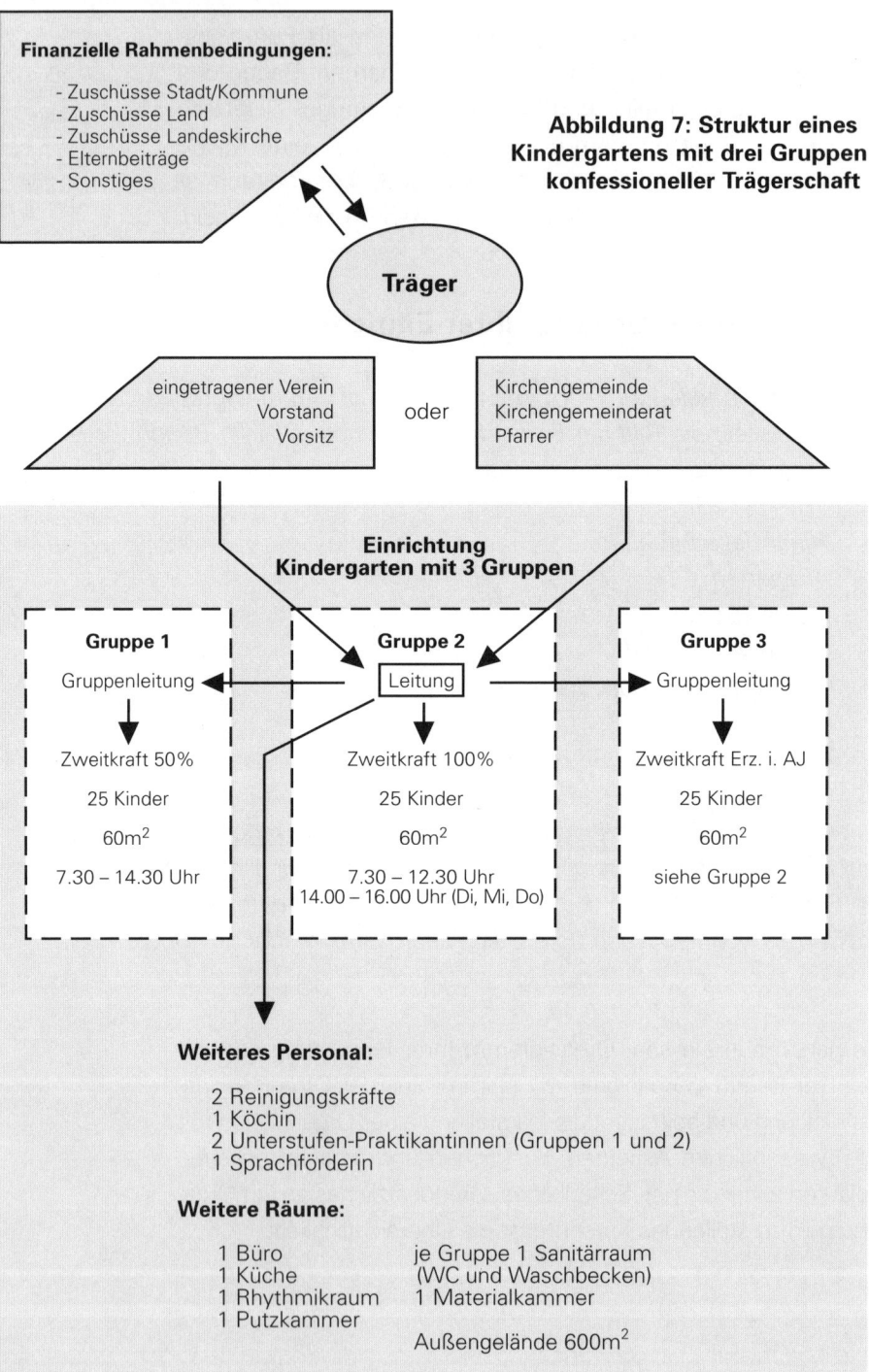

Finanzielle Rahmenbedingungen:

- Zuschüsse Stadt/Kommune
- Zuschüsse Land
- Zuschüsse Landeskirche
- Elternbeiträge
- Sonstiges

Abbildung 7: Struktur eines Kindergartens mit drei Gruppen in konfessioneller Trägerschaft

Träger

eingetragener Verein
Vorstand
Vorsitz

oder

Kirchengemeinde
Kirchengemeinderat
Pfarrer

**Einrichtung
Kindergarten mit 3 Gruppen**

Gruppe 1

Gruppenleitung

Zweitkraft 50%

25 Kinder

60m^2

7.30 – 14.30 Uhr

Gruppe 2

Leitung

Zweitkraft 100%

25 Kinder

60m^2

7.30 – 12.30 Uhr
14.00 – 16.00 Uhr (Di, Mi, Do)

Gruppe 3

Gruppenleitung

Zweitkraft Erz. i. AJ

25 Kinder

60m^2

siehe Gruppe 2

Weiteres Personal:

2 Reinigungskräfte
1 Köchin
2 Unterstufen-Praktikantinnen (Gruppen 1 und 2)
1 Sprachförderin

Weitere Räume:

1 Büro
1 Küche
1 Rhythmikraum
1 Putzkammer

je Gruppe 1 Sanitärraum
(WC und Waschbecken)
1 Materialkammer

Außengelände 600m^2

Mit dem Organigramm ist die Struktur der Einrichtung aber noch nicht vollständig beschrieben. Es fehlen noch die Stellenbeschreibungen, und zwar für das gesamte Personal der Einrichtung, gleichgültig ob Leitung, Gruppenleitung, Zweitkraft, Erzieherin im Anerkennungsjahr, Vorpraktikantin oder Personal im Hauswirtschafts- und Reinigungsbereich.

Stellenbeschreibung

Die Stellenbeschreibung stellt den Aufgabenbereich der Stelleninhaberin auf eindeutige und überschaubare Weise schriftlich dar. In der Stellenbeschreibung sind die grundlegenden Informationen enthalten, die die Stelleninhaberin benötigt, um selbstständig und zielgerichtet die ihr übertragenen Aufgaben wahrzunehmen. Beschrieben wird nur der allgemeine Aufgabenbereich, nicht jede Einzeltätigkeit.

Für die Stelleninhaberin ergibt sich aus der Stellenbeschreibung die Verantwortung für ihr Handeln und Verhalten. Daneben bietet eine Stellenbeschreibung auch Schutz für jede einzelne Mitarbeiterin. Dieser Schutz entsteht durch das klar beschriebene Aufgabenfeld, denn unklare oder fehlende Aufgabenstellungen lösen Stress aus, verursachen Unsicherheit, Ängste oder Wut und führen unter Kolleginnen evtl. zu Missverständnissen. Im Einzelnen sind folgende zehn Punkte in die Stellenbeschreibung aufzunehmen:

Was ist eine „Stellenbeschreibung" und was gehört dazu?

1 *Organisationseinheit,* z. B. Kindertagesstätte „Maulwurfshügel".
2 *Stellenbezeichnung* bzw. umfassende Tätigkeitsbezeichnung, aus der die wesentliche Funktion hervorgeht, z. B. Leiterin der Einrichtung, Leitung der Regelgruppe.
3 *Disziplinarunterstellung:* Wer ist die Vorgesetzte? Bei einer Zweitkraft ist dies in der Regel die Gruppenleitung.

4 *Disziplinarüberstellung:* Für welche Mitarbeiterinnen ist die Stelleninhaberin Vorgesetzte? Bei der Leiterin z. B. sämtliches Personal der Kindertagesstätte, bei einer Gruppenleitung die Zweitkraft und die Praktikantinnen.

5 *Stellvertretung durch...:* Wer übernimmt im Fall der Abwesenheit der Stelleninhaberin ihre Aufgaben? Zum Beispiel die Zweitkraft für die Gruppenleitung.

6 *Stellvertretung für...:* Wen hat die Stelleninhaberin zu vertreten? Zum Beispiel alle anderen Kolleginnen mit Gruppentätigkeit.

7 *Ziel der Stelle,* z. B. Leitung einer Gruppe. Bei der Stellvertretung die Leitung der Einrichtung im Vertretungsfall und die Wahrnehmung aller üblichen Leitungsaufgaben, Betreuung der Kinder auf der Basis des christlichen Wertekanons, Erziehung der Kinder auf der Basis des Leitbildes der Einrichtung.

8 *Aufgaben und Kompetenzen:* Hier wird das gesamte Aufgabenfeld umrissen. Zu Frau Musters (Erzieherin) Aufgaben zählen z. B. Betreuung, Erziehung und Bildung der Kinder in der „Pinguin"-Gruppe, Elternarbeit, Anleitung von Praktikantinnen, Mitarbeit im Gesamtteam, konzeptionelle Arbeit, Kooperation mit anderen Einrichtungen, Arbeit für die Gesamteinrichtung, Entscheidung über die Beschaffung von Material für die Gruppe, Einkäufe für das Frühstück für maximal 30,00 DM, alles andere bedarf der Absprache mit der Leitung.

9 *Einzelaufträge,* die bei unvorhersehbaren Situationen erteilt werden können, z. B. die Stelleninhaberin ist verpflichtet, neben den in Punkt 8 aufgeführten Aufgaben nach Weisung ihrer Vorgesetzten Einzelaufträge auszuführen, die dem Wesen nach zu ihrem Aufgabengebiet gehören und sich aus der betrieblichen Notwendigkeit ergeben.

10 *Besondere Befugnisse,* z. B. Schlüsselgewalt für
   Gemeindezentrum und freie Mitnutzung.

Abschließend wird folgender Satz angeführt: „Diese Stellenbeschreibung wird mit Wirkung vom... in Kraft gesetzt. Sie ist Bestandteil des bestehenden Arbeitsvertrags." Nun folgen noch
Nennung des Orts, des Datums, die Unterschrift der Stelleninhaberin und der Vorgesetzten sowie des Arbeitgebers.
Die Stellenbeschreibungen sind ebenfalls Bestandteil des
QM-Handbuchs und werden hinter dem Organigramm Ihrer
Einrichtung eingeheftet.
Die Aufgabe der Beschreibung einer Stelle liegt beim Träger
der Einrichtung. Nehmen Sie ihn daher in die Pflicht! Sollten
im Rahmen des Qualitätsmanagements Stellenbeschreibungen konzipiert werden, nutzen Sie die Möglichkeit, setzen
Sie sich mit dem Träger an einen Tisch und erstellen diese
gemeinsam.
Mit der Erstellung eines Organigramms und der Anfertigung
sämtlicher Stellenbeschreibungen haben Sie die Struktur
Ihrer Einrichtung beschrieben und dokumentiert. Wir schrei-
ten nun zum zweiten Punkt, zu den Ressourcen.

Ressourcen einer Einrichtung

Als Ressourcen bezeichnen wir den Bestand und sämtliche
Möglichkeiten des Personals einer Kita, also unsere „Roh-
stoffe" sowie unsere Stärken und Schwächen. Ressourcen
dürfen nicht verschwendet, sondern müssen effizient eingesetzt werden. Dafür hat eine optimale Zuweisung für unterschiedliche Arbeiten zu erfolgen: Jede Erzieherin ist dort am
richtigen Ort, an dem ihre Stärken am besten zum Einsatz
kommen.

**Was ist mit
dem Begriff
„Ressourcen"
gemeint?**

Wie ermitteln Sie Ihre Ressourcen?

Methode: *Jede Mitarbeiterin soll sich nochmals vergegenwärtigen, dass das Team als solches, also auch jedes Teammitglied, über Stärken und Schwächen verfügt. Dazu wird eine Einschätzung jeder Mitarbeiterin von sich selbst vorgenommen. Die Frage lautet: „Über welche spezifischen Stärken, Fähigkeiten und Schwächen in Bezug auf die Arbeit im Kindergarten verfüge ich?" Es geht um pädagogische, organisatorische und kreative Fähigkeiten bzw. um Begabungen in bestimmten Bereichen.*

In angenehmer Atmosphäre und bei entspannender Musik beantwortet jede Mitarbeiterin diese Frage für sich selbst, indem sie mit Hilfe von verschiedenen Materialien (buntes Papier, Farben usw.) eine Collage mit ihren Stärken und Schwächen herstellt. Nach etwa 30 Minuten werden die Collagen dem Team vorgestellt und die Ergebnisse in eine Matrix eingetragen (s. Abb. 8).

Abbildung 8: Teammatrix

	Stärken	*Schwächen*
Mitarbeiterin A		
Mitarbeiterin B		
Mitarbeiterin C		
...		

Durch die Darstellung der Kompetenzen der einzelnen Mitarbeiterinnen wird deutlich, wer sich für welche Aufgaben, die in der Einrichtung anfallen, am besten eignet. Darüber hinaus kann das pädagogische Angebot, das z. B. Projektarbeit beinhaltet, erweitert werden und die Kolleginnen gegenseitig von ihren Stärken profitieren.

Im Vorfeld ist zu klären, ob sich das Team auf diesen Prozess einlassen möchte, bzw. ob es sich in der Lage fühlt, über persönliche Stärken und Schwächen zu sprechen. Nach unseren Erfahrungen fällt es anfangs schwer, darüber zu reflektieren und sich nach außen darzustellen. Der Gewinn dieser Ressourcenermittlung zeigt sich später im Profil der Einrichtung, in dem zunehmenden Selbstbewusstsein der Mitarbeiterinnen und in einem evtl. veränderten Verhältnis der Kolleginnen untereinander.

Diese Übung soll unter keinen Umständen dazu missbraucht werden, über Schwächen von Kolleginnen „herzuziehen". Die Übung erfordert einen verantwortungsvollen Umgang miteinander. Bei Bedenken empfehlen wir, entweder die „Schwächen" zu streichen oder eine neutrale Fachkraft von außen hinzuzuziehen.

Mit dem dritten Schritt ist die Ebene der Strukturqualität beendet. Wir wenden uns nun der Prozessqualität zu.

Schritt 4: Kundenbedürfnisse und Erwartungen erheben

Mit dem vierten Schritt unseres impulse-Qualitätsmanagementprozesses wenden wir uns den Kunden zu. Die Erwartungen und Bedürfnisse aller Kunden sollen befriedigt werden. Dazu muss geklärt werden, wer zu den Kunden zu zählen ist.

Wer gehört zu den Kunden? Die Kunden eines Kindergartens oder einer Kita sind alle Kinder, die die Einrichtung besuchen. Vertreten werden die Kinder durch ihre Eltern bzw. Erziehungsberechtigten, die damit ebenso zur Kundschaft zu zählen sind. Diese beiden Gruppen stellen die direkten Empfänger der Dienstleistung dar. Die neuartige Sichtweise besteht darin, dass sich die angebotene Dienstleistung an den Kundenbedürfnissen orientiert und nicht eine Anpassung der Kunden an das bestehende Angebot gefordert wird. Dazu folgendes Beispiel:

Beispiel: *Der dreijährige Fritz fühlt sich im Kindergarten nicht wohl. Er versucht, aus der Einrichtung auszubrechen. Denkbar sind zwei Betrachtungsmöglichkeiten und entsprechende Vorgehensweisen: So kann zum einen die Aussage getroffen werden, dass Fritz noch nicht reif für den Kindergarten ist. Als Konsequenz ist ein Elterngespräch zu führen, in dem beschlossen wird, Fritz noch eine Weile zu Hause zu lassen. Der Focus kann aber auch auf die Einrichtung gelenkt werden. Das Ziel „Die Kinder sollen sich in unserer Einrichtung wohl fühlen" wurde verfehlt, unsere Einrichtung ist noch nicht reif für Fritz. Was ist zu tun, damit Fritz sich bei uns wohl fühlt? (aus: Welt des Kindes, 1/99).*

Durch die in der zweiten Möglichkeit zum Ausdruck kommende veränderte Sichtweise ändert sich auch die Vorgehensweise. Mit der Frage nach den Bedürfnissen von Fritz wird der Blick auf den Kunden gelenkt. Entscheidend ist, eine differenzierte Antwort auf diese Frage zu geben. Nur bei genauer Ermittlung der Bedürfnisse der Kunden kann die Arbeit nach diesen ausgerichtet werden, was wiederum eine qualitativ hochwertige Dienstleistung ausmacht.

Neben den Kunden gibt es weitere, am Gesamtgeschehen der Einrichtung Beteiligte. Diese sind der Träger und die Zuschussgeber und natürlich die pädagogischen Mitarbeiterinnen als Leistungserbringerinnen, die ihrerseits Erwartungen und Bedürfnisse haben.

Unser Grundgedanke ist der Einbezug aller am QM-Prozess Beteiligten mit ihren Bedürfnissen. Davon ist die Erzieherin nicht auszuklammern. Die pädagogischen Fachkräfte befinden sich im dauerhaften Prozess mit den Kindern und Eltern und bringen dabei ihre fachlichen Kompetenzen in die Arbeit ein. Die Erwartungen des Trägers als auch der Zuschussgeber sind insoweit relevant, als bestimmte Vorgaben in der Zielsetzung bzw. in der Finanzierung von vornherein Grenzen festlegen. So wird z. B. ein konfessioneller Träger aller Voraussicht nach die Erwartung haben, dass sich der christliche Wertekanon oder auch das trägereigene Leitbild in der Kita-Arbeit widerspiegelt. In der Praxis trägt z. B. die Konzeption der Einrichtung religionspädagogische Züge und auf Gemeindeveranstaltungen wird ein entsprechender Beitrag geleistet. Die Er- wartungen eines kommunalen Trägers sehen hingegen anders aus, könnten aber ebenso die Umsetzung des in diesem Fall städtischen Leitbildes zum Inhalt haben.

Durch die in der Regel landesrechtlich pauschalisierten finanziellen Zuwendungen spielen die Erwartungen des Zuschussgebers noch keine Rolle. Das kann sich durch landesrechtliche Ausführungsbestimmungen zu den Paragraphen 78 a ff. SGB VIII ändern.

Ermittlung der Kundenbedürfnisse

Um die Erwartungen der Kunden (Kinder und Eltern), Träger und Mitarbeiterinnen zu ermitteln, empfehlen sich folgende Methoden:

Eine Form um zu erfahren, was sich die Kinder wünschen, ist die direkte Befragung:

Wie werden die Bedürfnisse von Kindern ermittelt?

Methode: *Sie nutzen den regelmäßig stattfindenden Stuhlkreis. Oder Sie berufen eine Kinderkonferenz ein. Sie haben sich im Vorfeld überlegt, welche Fragen Sie den Kindern stellen wollen. Wir empfehlen nicht mehr als drei Fragen je Sitzung. Die Antworten der Kinder notieren Sie auf einer Flip-Chart (Stelltafel, an der DIN A1-Papierbögen angebracht sind) oder einer großen Tafel. Für die Kinder visualisieren Sie die Antworten mittels kleiner Bilder. Zum Abschluss der Runde fassen Sie nochmals alle Antworten* *zusammen und erläutern den Kindern, wie Sie damit umgehen wollen, also welche Vorschläge mit den anderen Teammitgliedern besprochen werden müssen, welche einer intensiveren Vorbereitung bedürfen oder auch, welche nicht realisierbar sind.*

Als Beispiel sei hier die Schulanfängergruppe einer großen Kita genannt:

Beispiel: *Alle 22 Kinder der Kita, die nach den Sommerferien in die Schule kommen, hatten sich im Gruppenraum versammelt. Nach der Begrüßung wurde von einer Erzieherin erläutert, dass die Kinder mitbestimmen dürfen, was in den nächsten Monaten in der Schulanfängergruppe alles unternommen werden soll. Die einzige Frage lautete: „Was möchtet ihr in der Schulanfängergruppe machen?" Die Antworten kamen zunächst zögerlich, verbunden mit einem Drucksen und Kichern, und es wurden ganz allgemeine Wünsche wie „Spielen" oder „Cola trinken" geäußert. Doch mit der Zeit wurden die Kinder genauer. „Cola trinken ist Quatsch, das dürfen wir eh nicht! Aber mal irgendwo übernachten!" „Und Feuer machen!" „Und schon einmal in die Schule rübergehen!" So füllte sich das Flip-Chart-Papier beachtlich mit Bildern und neben einem Haus als Symbol für die Übernachtung war dann auch eine Eistüte als Symbol für Leckereien zu entdecken. Die Erzieherin beendete die Sitzung mit dem Versprechen, beim nächsten Mal den Kindern die genaue Planung mitzuteilen.*

Eine weitere Möglichkeit, die Bedürfnisse und Interessen der Kinder zu ermitteln, bildet das Zweiergespräch:

Methode: *Sie überlegen sich zuvor die Fragen, die Sie den Kindern stellen möchten. Die Fragen lauten für alle Kinder gleich. Die Antworten notieren Sie während des Gesprächs. Um klare Antworten zu erhalten, müssen Sie gezielte Fragen stellen. Dazu einige Beispiele:*

- *„Was machst du besonders gerne hier im Kindergarten?"*
- *„Was möchtest du gerne in deiner Gruppe (öfter) machen?"*
- *„Was möchtest du gerne im Außengelände spielen können?"*
- *„Was machst du nicht gerne?"*

Anschließend werten Sie die Antworten systematisch aus, stellen übergeordnete Kategorien auf und vermerken die Häufigkeit der Nennung. Zudem können Sie eine Einteilung der Antworten nach Altersstufen vornehmen, um ein differenziertes Bild zu erhalten.

Neben den genannten zwei Methoden sind auch Ihre Fähigkeiten als pädagogische Fachkräfte gefordert. Zentrales Element ist die Reflexion. Sie sind diejenigen, die die Kinder Tag für Tag betreuen und beobachten. Sie wissen um die Lebenszusammenhänge und Situation im Wohngebiet. Mit Hilfe dieser Kenntnisse ermitteln Sie im Team die grundlegenden Bedürfnisse und Interessen der Kinder. Die aktuellen Themen, welche die Kinder beschäftigen und in die Einrichtung mitbringen, greifen Sie ebenfalls auf.

Methode: *Sie sammeln in einer Teamsitzung unter den Überschriften „grundlegende Bedürfnisse" und „aktuelle Bedürfnisse" mittels eines Brainstormings Stichworte. Diese vergleichen Sie dann mit den Ergebnissen aus Stuhlkreis und Umfrage und erhalten so ein genaues Bild der Bedürfnisse Ihrer Kinder. Die Ergebnisse werden in Ihr Qualitätshandbuch übernommen.*

Als Beispiel haben wir hier das Ergebnis einer Team-Reflexion mit anschließendem Brainstorming zur Frage „Welches sind die grundlegenden Bedürfnisse der Kinder unserer Kita?" angeführt (s. Abb. 9).

Abbildung 9: Grundlegende Bedürfnisse der Kinder unserer Einrichtung

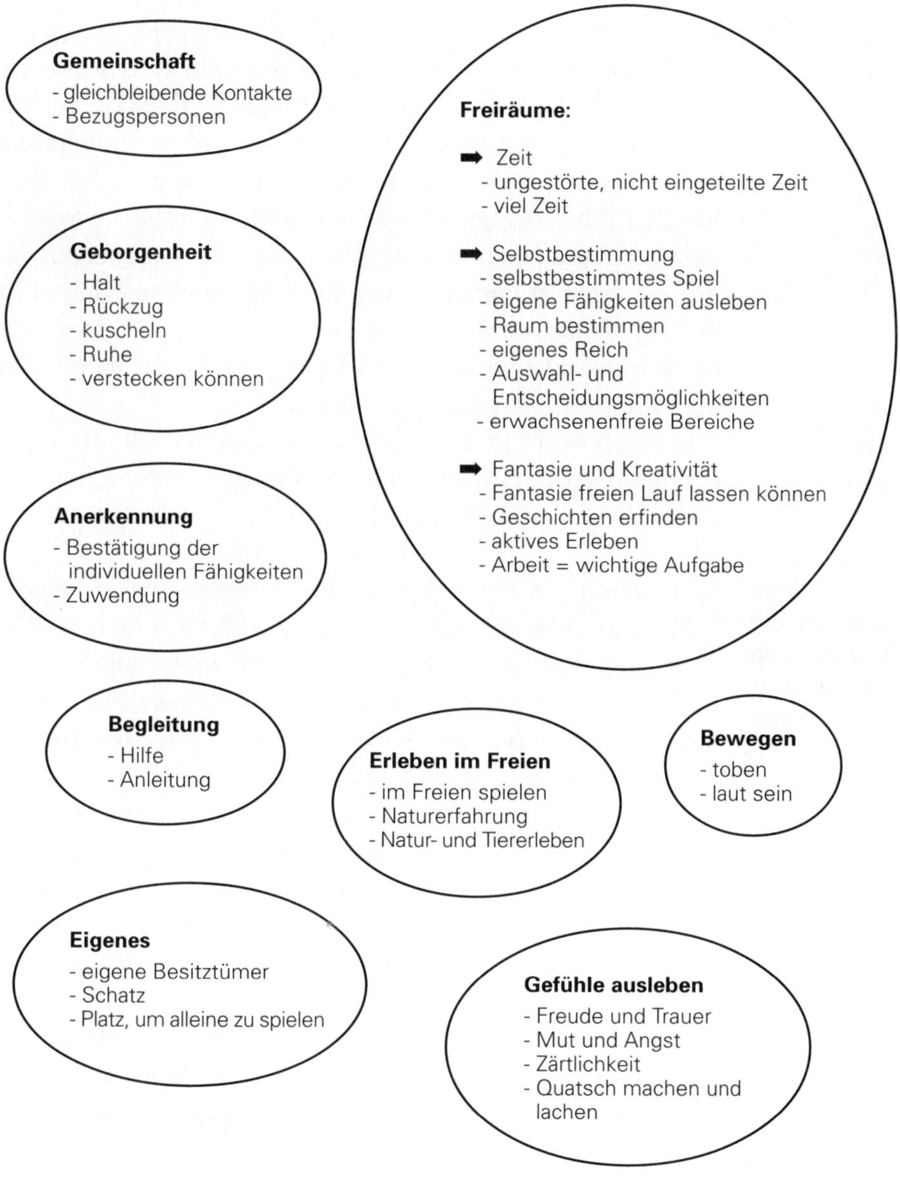

Gemeinschaft
- gleichbleibende Kontakte
- Bezugspersonen

Freiräume:

➡ Zeit
  - ungestörte, nicht eingeteilte Zeit
  - viel Zeit

Geborgenheit
- Halt
- Rückzug
- kuscheln
- Ruhe
- verstecken können

➡ Selbstbestimmung
  - selbstbestimmtes Spiel
  - eigene Fähigkeiten ausleben
  - Raum bestimmen
  - eigenes Reich
  - Auswahl- und
    Entscheidungsmöglichkeiten
  - erwachsenenfreie Bereiche

➡ Fantasie und Kreativität
  - Fantasie freien Lauf lassen können
  - Geschichten erfinden
  - aktives Erleben
  - Arbeit = wichtige Aufgabe

Anerkennung
- Bestätigung der
  individuellen Fähigkeiten
- Zuwendung

Begleitung
- Hilfe
- Anleitung

Erleben im Freien
- im Freien spielen
- Naturerfahrung
- Natur- und Tiererleben

Bewegen
- toben
- laut sein

Eigenes
- eigene Besitztümer
- Schatz
- Platz, um alleine zu spielen

Gefühle ausleben
- Freude und Trauer
- Mut und Angst
- Zärtlichkeit
- Quatsch machen und
  lachen

Diese Sammlung der grundlegenden Bedürfnisse von Kindern wird so oder ähnlich in den meisten Kitas aussehen. Trotzdem sollten Sie sich die Mühe machen und eine eigene Erhebung durchführen. Zum einen stellen die Bedürfnisse einen wichtigen Schritt innerhalb des Prozesses dar. Und dies aus gutem Grund, denn Qualität bedeutet ja letztendlich ein den Bedürfnissen von Kunden größtmögliches Entgegenkommen. Ebenso ist der Gesetzgeber zu nennen, der die Orientierung an den individuellen Bedürfnissen festgeschrieben hat (SGB VIII § 22, Abs. 2). Zum anderen haben Bedürfnisse keinen statischen Charakter und ändern sich mit der Lebenssituation der Kinder und Familien wie auch den Veränderungen im Wohngebiet, in dem sich Ihre Einrichtung befindet. Ihre eigene Sammlung und die Ausrichtung der Arbeit daran wird somit zum Profil Ihrer Kita beitragen.

Das Ergebnis dieser Erhebung vermerken Sie in Ihrem Handbuch und ebenso, wann eine erneute Überprüfung der „Bedürfnisse der Kinder" stattfinden wird.

Wie werden die Bedürfnisse der Eltern ermittelt?

Hier haben wir schon oft während Fortbildungen gehört: „Oh je, die kennen wir schon! An eine Verlängerung der Öffnungszeiten ist beim besten Willen nicht zu denken!"

Mit Sicherheit lautet ein zentrales Anliegen der Eltern, die Öffnungszeiten der Einrichtung den Arbeitszeiten anzupassen. Doch dies ist nur eine Seite der elterlichen Bedürfnisse. Andere bestehen in der Teilnahme an Aktionen oder am pädagogischen Alltag und in der Nutzung der Räume in Zeiten, in denen die Einrichtung geschlossen hat. Oftmals besteht Bedarf an einer abendlichen Treffmöglichkeit oder Räumen für Kindergeburtstage oder Familienfeiern am Wochenende.

Scheuen Sie sich nicht, ausgetretene Wege zu verlassen und neue Konzepte zu entwerfen! Gerade in größeren Einrichtungen bieten sich oft durch flexible bzw. neugestaltete Arbeitszeiten Möglichkeiten, die seit Jahren bestehenden Öffnungszeiten nach vorne oder hinten zu verlängern. Sie können auch die herkömmlichen Regelzeiten in Frage stellen: Statt täglich eine Mittagspause von zwei Stunden einzuhalten, lassen sich die sechs Stunden auch zusammenfassen, so dass z. B. von 7.30 bis 13.30 Uhr gearbeitet wird. Eltern haben so eher die Möglichkeit, halbtags zu arbeiten. Bevor Sie jedoch tatsächlich Änderungen einführen, überprüfen Sie anhand des Ist-Zustandes Ihren Spielraum und erstellen dann einen Fragebogen. Dazu ein Beispiel (s. Abb. 10):

Abbildung 10: Fragebogen zur Änderung der Öffnungszeiten

Liebe Eltern,

wir stellen unsere Öffnungszeiten auf den Prüfstand. Sollen wir unsere Öffnungszeiten verändern oder unsere bisherigen Öffnungszeiten beibehalten?
Unsere bisherigen Zeiten sind Montag bis Freitag 8.00 bis 12.30 Uhr und Dienstag bis Donnerstag zusätzlich von 14.00 bis 16.30 Uhr.
Als Veränderung bieten wir Ihnen an: Montag bis Freitag 7.30 bis 13.30 Uhr unter Verzicht auf die Öffnungszeiten am Nachmittag.

O Ich bin für die neuen Öffnungszeiten.
O Ich bin für die Beibehaltung der alten Zeiten.
O Ich habe einen eigenen Vorschlag:

_____

_____

_____

Wir bitten um Abgabe Ihrer Wahl bis zum 30. 04. '01. Das Ergebnis werden wir mit dem Elternbeirat besprechen und dann am Elternabend am 10. 05. bekannt geben. Zudem können Sie es im nächsten Elternbrief nachlesen. Eine eventuelle Umstellung würde mit Beginn des nächsten Kindergartenjahres erfolgen.

Ihr Kita-Team

Das Themenspektrum ist breit gefächert und betrifft sicherlich nicht nur die Öffnungszeiten. Ebenfalls denkbar ist es, die Häufigkeit von Elternabenden oder deren Inhalt, Formen der Beteiligung am Alltagsgeschehen oder die Teilnahme an Ausflügen sowie die Gestaltung eigener Aktionen abzufragen.

Wie werden die Bedürfnisse des Trägers ermittelt? In unseren bisherigen Ausführungen haben wir den Träger ebenfalls als am Prozess Beteiligten beschrieben. Angemerkt sei hier vorab, dass in der Hierarchie der Träger der Arbeitgeber ist und die Mitarbeiterinnen seine Angestellten sind, d. h. sie sind weisungsgebunden.

Grundsätzlich hat der Träger ein berechtigtes Interesse daran, sein Leitbild in der von ihm unterhaltenen Einrichtung wiederzufinden. Welche sonstigen Bedürfnisse vorliegen, und zwar von beiden Seiten, ist trotz Hierarchie im Dialog zu klären, um so ein gemeinsames und tragfähiges Vorgehen entwerfen zu können. Die Form des Dialogs setzt eine partnerschaftliche Haltung voraus, in der die gegenseitigen Anliegen ernst genommen werden und als Diskussionsgrundlage dienen, damit die Ergebnisse tragfähig sind. Die Methoden zur Ermittlung der Bedürfnisse und Erwartungen des Trägers haben wir im Schritt 6 als eigenständigen Arbeitsbereich beschrieben (s. S. 138).

Wie werden die Bedürfnisse der Mitarbeiterinnen ermittelt? Zum Schluss wenden wir uns den Bedürfnissen der Mitarbeiterinnen, also Ihren eigenen zu. Hier geht es u. a. darum, entsprechend Ihrer spezifischen Stärken und Schwächen eingesetzt zu werden, d. h. in Arbeitsbereichen, in denen Ihre persönlichen und fachlichen Kompetenzen zum Tragen kommen (s. Schritt 3 unter Ressourcen, S. 67). Der Grund dafür ist einleuchtend: Verwenden Sie für Ihr Team das Bild der Kette, die immer so stark ist, wie ihr schwächstes Glied. Reißt ein Glied, ist die Kette unterbrochen. Kommt jedes Glied so zum Einsatz, wie es seiner Stärke entspricht, hält die Kette auch großen Belastungen stand. Aufgrund der großen

Bedeutung des Teams für die gesamte Arbeit haben wir die Teamarbeit als eigenständigen Arbeitsbereich in Schritt 6 (s. S. 114) ausgewiesen. Dort erarbeiten Sie Standards für Ihre Zusammenarbeit. Mit Bedürfnissen sind in diesem Zusammenhang Erwartungen gemeint, die Sie an die Einrichtung und die professionelle Arbeit haben.

Schritt 5: Qualitätspolitik entwerfen

Die Qualitätspolitik zu entwerfen ist Inhalt des fünften Schritts. Unter Qualitätspolitik versteht man die Absichten, Zielsetzungen und grundlegenden Vorgehensweisen einer Organisation bezüglich Qualität. Qualitätspolitik wird im Hinblick auf:

Was versteht man unter Qualitätspolitik?

- die Güte der zu erbringenden Dienstleistung,
- das Image und den Ruf der Einrichtung,
- die Qualitätsziele und
- das Verständnis für die Erwartungen und Bedürfnisse der Kunden entworfen.

Um die Qualitätspolitik festlegen zu können, gilt es zunächst, das übergeordnete Leitbild der Organisation zu entwerfen. Anschließend wird das Leitbild mit der Struktur und den Ressourcen der Einrichtung gekoppelt.

Ein Leitbild (s. Abb. 11) enthält in wenigen Sätzen:

Was ist Inhalt des Leitbildes?

- die Philosophie und die übergeordneten Ziele der Einrichtung sowie
- die grundsätzlichen Vorgehensweisen zur Umsetzung dieser Ziele.

Ebenso können darin enthalten sein:

- das Menschenbild,
- das Image und
- Vision(-en).

Wie entsteht das Leitbild einer Einrichtung? Durch Leitbilder erhalten die Einrichtungen ihr Profil und ihre Ausrichtung. Die Beispiele machen deutlich, wie unterschiedlich die Akzente der Einrichtungen sein können.

Die im Leitbild dargestellte Sichtweise spiegelt sich in der alltäglichen Arbeit wider. Da die Absichten, Zielsetzungen und grundlegenden Vorgehensweisen einer Organisation bezüglich Qualität innerhalb der Einrichtung von allen akzeptiert und umgesetzt werden müssen, erfordert die interne Qualitätspolitik die Identifikation mit dem übergreifenden Leitbild. Die Entwicklung des Leitbildes ist daher Angelegenheit aller Mitarbeiterinnen.

Abbildung 11: Leitbilder zweier Kitas

Leitbild der Kita „Auf dem Dach" in Freiburg/Rieselfeld:
Einleitende Gedanken: Wir sind die Kita „Auf dem Dach" und blicken auf das Nahe und in die Ferne. Wir sehen den Stadtteil Rieselfeld und die Menschen, die hier leben. So wie der Stadtteil weiterhin Veränderungen erfährt, so werden auch wir nie stillstehen. Die Menschen im Stadtteil und unser Leitbild werden uns dabei und im alltäglichen Handeln Orientierung sein.

Unser Leitbild: Wir machen Kinder stark

...für die Gemeinschaft: Wir bilden ein festes Fundament, auf dem sich die Kinder erleben. Das Fundament wird durch eine Umrandung begrenzt. Diese Grenze bietet Sicherheit und innerhalb dieser Freiräume. Gemeinsam mit den Kindern gestalten wir die Umrandung. Die Kinder stehen im Mittelpunkt.

...für die Zukunft: Unsere Räume sind nach außen und innen offen. Wir bieten viel Platz für individuelle Entwicklung. Jedes Kind ist sein eigener Akteur, selbstbestimmt und selbstverantwortlich. Die Kinder haben Wahlmöglichkeiten in einer kreativen Vielfalt und lernen sich zu entscheiden.

Die kleinen und großen Ziele im Spiel und täglichen Miteinander werden von den Kindern und uns gemeinsam bestimmt. Wir orientieren uns dabei an den grundlegenden Bedürfnissen der Kinder.

Abschließender Gedanke: Wir werden unser Leitbild in die Praxis umsetzen und konkrete pädagogische Handlungsweisen entwerfen und beschreiben.

Der „Markus Kindergarten" aus Freiburg schreibt:
Wir und ich. Die Grundlage unserer pädagogischen Arbeit bildet die Persönlichkeit des einzelnen Kindes. Die Aufgabe des Kindergartens ist, die Individualität des Kindes wahrzunehmen, zu fördern und zu stärken.

Es ist die Herausforderung der Gemeinschaft, dem einzelnen Kind in der Vielseitigkeit der Gruppe den Raum zu geben, damit es sich selbst werden und bleiben kann...

Methode: *Sie stellen sich im Team die Frage, nach welchem Leitbild die Kita arbeitet. Welches Menschenbild, welche Visionen oder Philosophien stehen hinter der geleisteten Arbeit?*
Je nach Größe des Teams teilen Sie sich in Kleingruppen auf oder jede Mitarbeiterin arbeitet für sich allein. Es werden Bauklötze in ausreichender Menge zur Verfügung gestellt. Jede Mitarbeiterin hat die Aufgabe, ihre Idee mit Hilfe der Klötzchen nachzubauen bzw. auszudrücken. In den Fortbildungen werden wir an dieser Stelle immer wieder verblüfft gefragt: „Wie soll denn das gehen?" Es geht und Sie werden über die Ergebnisse überrascht sein!
Bei angenehmer Musik nehmen Sie sich ungefähr 30 Minuten Zeit, um Ihre Gedanken kreativ umzusetzen. Es können natürlich auch andere Materialien verwendet werden. Neben den Klötzchen eignen sich z. B. Naturmaterialien, Ton oder Plastilin. Die entstandenen Plastiken oder Bauwerke werden einzeln vorgestellt und erklärt und anschließend ausgestellt oder fotografiert. Wichtig ist, dass sie noch eine Zeit lang betrachtet werden können. Folgende Fragen werden beantwortet:

- Welche Gemeinsamkeiten gibt es bei den Ergebnissen?
- Was steht bei den Gebilden im Vordergrund?
- Welche Fragen ergeben sich aus den Ergebnissen?
- Muss noch etwas geklärt werden, bevor ein gemeinsames Leitbild
  entworfen werden kann?

Die Antworten werden schriftlich festgehalten und diskutiert. Dann kann die erste Fassung des Leitbildes entstehen. Dazu werden die gesammelten Stichworte ausformuliert.
Bevor die endgültige Fassung entsteht, werden der Träger und der Elternbeirat hinzugezogen. Denn beide sollten über den Prozess der Leitbild-Entstehung informiert werden und sich am Ende ebenfalls mit diesem Leitbild identifizieren können. Das Leitbild wird im Handbuch abgeheftet und ist somit allen Kunden zugänglich und einsehbar.

Mit dem Leitbild haben Sie bereits einen wesentlichen Teil der Qualitätspolitik entwickelt. Das Leitbild sollte aber nicht utopisch sein. Höhere Ziele sind oftmals schnell entworfen, doch bei der Übertragung in die Praxis wird dann deutlich, dass keine Verbindlichkeit hergestellt werden kann. Im Folgenden ist es daher Ihre Aufgabe, das Leitbild an den Ist-Zustand (Struktur und Ressourcen) Ihrer Kita zu koppeln.

Methode: *Sie schreiben Ihr Leitbild auf ein großes Plakat und heften es für alle gut sichtbar an die Wand. Anschließend ziehen Sie das Ergebnis aus dem dritten Schritt heran: den Ist-Zustand Ihrer Einrichtung. Das Organigramm Ihrer Einrichtung und die Teammatrix hängen Sie gut sichtbar neben das Leitbild an die Wand.*

Nun gehen Sie die einzelnen Aspekte des Leitbildes durch und beantworten dabei die Frage: „Entsprechen die einzelnen Leitgedanken den Möglichkeiten unserer Einrichtung?" Die bejahten Leitgedanken unterstreichen Sie grün, die verneinten schreiben Sie rot heraus. Die roten Aspekte überarbeiten Sie nochmals und formulieren sie neu bzw. streichen sie.

Oftmals werden bei dieser Methode bereits erste Vorschläge zur Umsetzung des Leitbildes in die Praxis geäußert. Zunächst geht es hier aber lediglich um die Frage, ob die Möglichkeiten zur Umsetzung vorhanden sind, nicht um das konkrete „Wie". Allerdings können Sie die Vorschläge stichwortartig auf einem eigenen Plakat sammeln und dieses im Schritt 6, d. h. bei der Erarbeitung von Standards, wieder heranziehen.

Mit der Entwicklung des Leitbildes und der Koppelung an den Ist-Zustand Ihrer Einrichtung formulieren Sie zusätzlich Ihre Qualitätspolitik aus. Mit dem Ziel, ein optimales und qualitativ hochwertiges Angebot zu schaffen, dass sich den Veränderungen der allgemeinen gesellschaftlichen Situation wie auch den besonderen Bedürfnissen der Kinder und Familien stellt, legen Sie die dazugehörigen Vorgehensweisen fest.

Stichwortartig sind folgende Beispiele für Absichten und Zielsetzung einer Kita zu nennen:

- Einbindung aller Mitarbeiterinnen in den Prozess,
- gemeinsame Erarbeitung von Zielen und Standards,
- regelmäßige Überprüfung der Ergebnisse,
- Verantwortung für die Umsetzung der Ergebnisse trägt jede Erzieherin in ihrem Bereich,
- die Leitung sorgt für die Weiterentwicklung und Aufrechterhaltung des Prozesses,
- die Leitung hat die Gesamtverantwortung inne,
- jährlich findet eine Bedarfserhebung statt,
- der Träger sorgt für die erforderlichen Mittel und stellt Möglichkeiten zur Fortbildung bereit.

Die umfassenden Absichten und Zielsetzungen haben für die Leitung und alle Mitarbeiterinnen Verbindlichkeit und werden im Rahmen der Qualitätspolitik umgesetzt. Im Unterschied zum Leitbild dokumentiert die Festlegung der Qualitätspolitik den tatsächlichen Umsetzungswillen der Fachkräfte.

Schritt 6: Erhebung von Zielen und Standards

Der sechste Schritt ist das Herzstück des impulse-QM-Prozesses. Hier werden aus den Zielen der Einrichtung konkrete und überprüfbare pädagogische Handlungsweisen, so genannte Standards, für die gesamte Arbeit abgeleitet. Die Standards werden in acht verschiedenen Arbeitsbereichen erstellt: Arbeit mit Kindern, Leitung, Teamarbeit, Zusammenarbeit mit Eltern und Familien, Netzwerk- oder gemeinwesenorientierte Arbeit, Öffentlichkeitsarbeit, Raumgestaltung und Zusammenarbeit mit dem Träger. Zu jedem Arbeitsbereich sind die unseres Erachtens wichtigsten Unterpunkte angeführt. Im QM-Prozess Ihrer Einrichtung wählen Sie geeignete Unterpunkte aus, ergänzen diese durch eigene und setzen so Ihre Schwerpunkte. Auf diese Weise wird das exakte Profil Ihrer Einrichtung deutlich erkennbar.

Im sechsten Schritt werden die grundlegenden pädagogischen Diskussionen geführt, falls dies nicht bereits teilweise bei der Leitbildentwicklung und Qualitätspolitik geschehen ist. Voraussetzung ist die Klärung bestimmter Begriffe. Alle Beteiligten des Teams müssen das gleiche Verständnis z. B. für „Freispiel" oder „Projektarbeit" haben. Das heißt, dass in jedem Fall die Inhalte vorab definiert werden müssen.

Was sind Ziele?

Das Aufstellen von Zielen ist das zentrale Steuerungselement jeder Organisation. Ziele werden verstanden als konkrete künftige Zustände oder Ereignisse. Ziele sind verbindlich und wirken sich unmittelbar auf das Handeln aus. Sie sind zu unterscheiden nach Leitzielen, Richtungszielen und Handlungszielen und werden in drei Phasen entwickelt. In einer vierten Phase werden aus den Zielen Standards definiert (s. Abb. 12).

Abbildung 12: Erhebung von Zielen und Standards

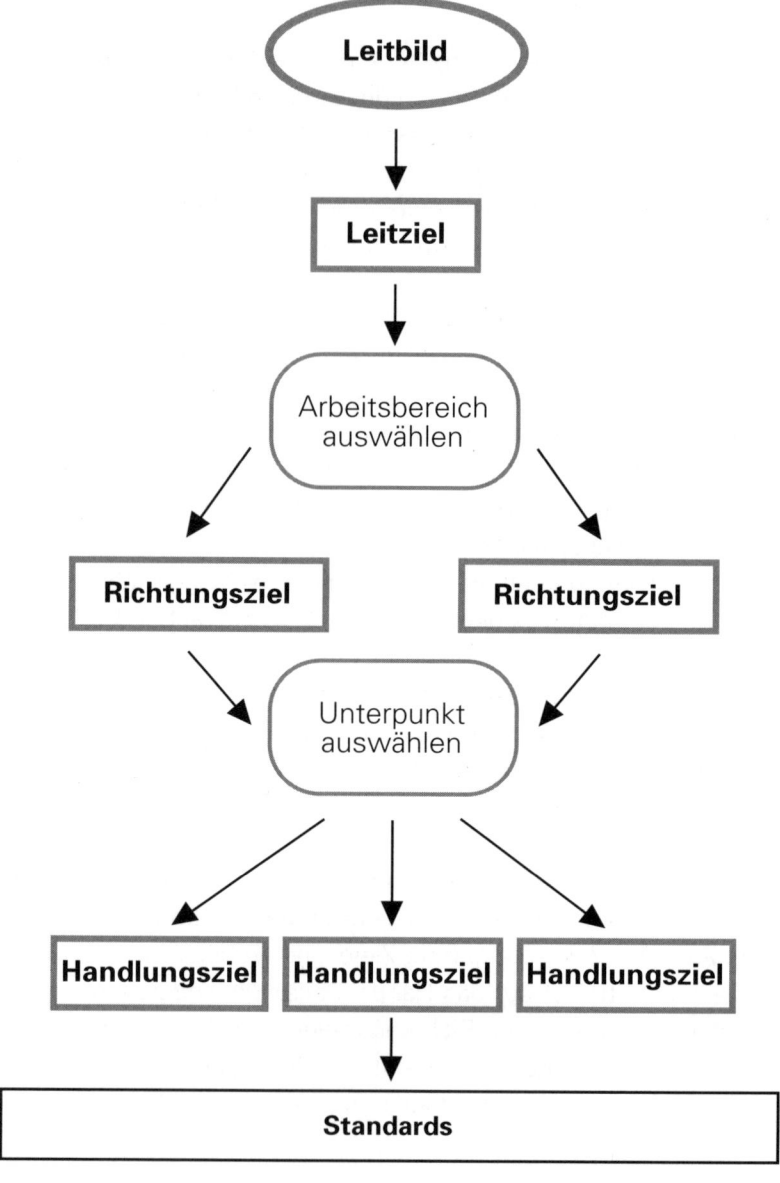

Methode:

1 Entwickeln Sie aus dem Leitbild maximal drei Leitziele, die für die gesamte Arbeit in Ihrer Einrichtung Gültigkeit haben.

2 Klären Sie im Team, in welchem Arbeitsbereich mit der Standarderhebung begonnen werden soll. Dies kann durch unterschiedliche Methoden stattfinden. Die einfachste und schnellste Methode ist das Punkteverfahren: Die einzelnen Arbeitsbereiche werden mit ihren Unterpunkten auf einem großen Blatt Papier visualisiert. Jede Mitarbeiterin erhält eine Anzahl Klebepunkte, die sie nach persönlich empfundener Priorität an den Unterpunkten anklebt. Damit wird der „Fahrplan" für die Standarderhebung festgelegt.

3 Nun werden für die einzelnen Arbeitsbereiche die Richtungsziele und für die dazugehörigen Unterpunkte die Handlungsziele, wie in der zweiten und dritten Phase beschrieben, entwickelt. Dies kann in Kleingruppen oder im Gesamtteam erfolgen. Handeln Sie nach dem Grundsatz, je wichtiger die Zielbestimmung ist, desto kleiner die Gruppe. So kann sich niemand der Zielfindung entziehen, denn alle Meinungen im Team sind wichtig und gefragt. Mittels Prioritätensetzung entscheiden Sie wieder, welche Ziele wirklich unabdingbar für die Umsetzung Ihres Leitbildes sind, um damit das Profil der Einrichtung zu unterstreichen.

4 Erst wenn Handlungsziele in den Unterpunkten erarbeitet sind, gehen Sie an die Ausarbeitung der Standards. Auch hier gilt: Nur die wirklich notwendigen Standards werden aufgeschrieben.

Phase 1: Leitziele werden aus dem Leitbild entwickelt. Sie geben eine allgemeine Tendenz bzw. Richtung vor und zeigen damit eine Entwicklung an, die durch die Tätigkeit der Organisation gefördert werden soll. Leitziele stellen die Perspektive der Einrichtung dar, können aber im eigentlichen Sinn nicht erreicht oder verwirklicht werden (z. B. Mündigkeit, Solidarität, Offenheit...). Die Leitziele haben für alle Arbeitsbereiche Gültigkeit.

Phase 2: Richtungsziele beziehen sich konkret auf einzelne Arbeitsbereiche. Im Arbeitsbereich „Arbeit mit Kindern" wären als Richtungsziele z. B. „Entwicklung zur eigenständigen Persönlichkeit" oder „Entwicklung zur gemeinschaftsfähigen Persönlichkeit" zu nennen. Für den Arbeitsbereich „Zusammenarbeit mit Eltern und Familien" könnte „Wir arbeiten mit den Eltern gemeinsam an den Entwicklungsmöglichkeiten der Kinder" als Richtungsziel aufgestellt werden. Im Laufe des QM-Prozesses stellen Sie maximal drei Richtungsziele je Arbeitsbereich auf.

Phase 3: Handlungsziele können unmittelbar durch die Tätigkeit der Einrichtung realisiert werden. Daher werden sie so konkret wie möglich formuliert (z. B. „Die Kinder werden befähigt, Konflikte allein zu lösen"). Aus jedem Richtungsziel wird mindestens ein Handlungsziel abgeleitet. Grundsatz für die Entwicklung der Richtungs- und Handlungsziele ist, dass Sie nur die Ziele aufführen, die tatsächlich relevant für die Qualität Ihrer Kita sind.

Was sind Standards? *Phase 4:* Standards sind die kleinsten Qualitätseinheiten. Sie beschreiben das „Wie" und eventuell die Häufigkeit einer Handlung. Zum Beispiel: „Was ist zu tun, um das Handlungsziel der ‚selbstständigen Konfliktlösung' in die Praxis umzusetzen?" Hier könnten als Standards formuliert werden: „Die Erzieherin interveniert erst, wenn sich die Kinder weh tun oder um Hilfe bitten" oder „Konflikte werden im Gespräch gelöst" oder „Konfliktlösung wird anhand von speziellen Bilderbüchern mit den Kindern zum Thema gemacht".

Anhand von zwei Beispielen aus den Arbeitsbereichen „Arbeit mit Kindern" und „Teamarbeit" wird die dargestellte Vorgehensweise nochmals verdeutlicht. Dabei sei eine fiktive Einrichtung mit dem Leitbild „Wir wollen einen Kindergarten für alle!" angenommen. Dieses Leitbild ergänzen und konkretisieren wir nun durch den folgenden Satz: „Wir wünschen eine hohe Identifikation aller Beteiligten an der Einrichtung und der darin geleisteten Arbeit. Für uns stellt dies die bestmögliche Basis dar, um zum Wohle der Kinder arbeiten zu können." Das im Leitbild geäußerte Leitziel ist demnach der Wunsch nach einer hohen Identifikation. Dieses Leitziel hat für alle Arbeitsbereiche Gültigkeit.

Beispiel 1:

Als nächster Schritt ist ein Arbeitsbereich auszuwählen. Wir legen uns zunächst auf den Bereich „Arbeit mit Kindern" fest. Nun können **Richtungsziele** formuliert werden:

- „Die Kinder erleben die Einrichtung als die ihrige."
- „Wir berücksichtigen die geäußerten und die von uns Fachkräften wahrgenommenen Bedürfnisse der Kinder."

Um die Handlungsziele zu erstellen, wählen Sie einen Unterpunkt aus. Als mögliches **Handlungsziel** ergibt sich für den Unterpunkt „gemeinsame Kreise":

- „Die Kinder werden bei der Regelgestaltung einbezogen."

Zu diesem Handlungsziel werden die entsprechenden **Standards** abgeleitet:

- „Es finden regelmäßig Kinderkonferenzen statt: Innerhalb jeder einzelnen Gruppe wöchentlich 15 Minuten und für die gesamte Einrichtung monatlich 15 Minuten in der Halle".

- „Die Ergebnisse aus den Kinderkonferenzen werden mit Hilfe von Piktogrammen für die Kinder visualisiert und auf Plakaten ausgehängt".

Ein von der Einrichtung selbst ermittelter qualitätsrelevanter Unterpunkt ist derjenige der morgendlichen „Begrüßungs- und Empfangssituation". Das Handlungsziel heißt:

- „Die morgendliche Begrüßungs- und Empfangssituation erhält besonderes Gewicht."

Die daraus abgeleiteten Standards lauten:

- „Die Gestaltung der morgendlichen Begrüßungssituation erfolgt nach den geäußerten Wünschen der Kinder."
- „Am Morgen erklingt leise entspannende Musik."
- „Der Tisch für das freie Frühstück ist für die ersten Kinder bereits gedeckt."
- „Die ankommenden Kinder werden von einer Kollegin begrüßt, während eine zweite bei den bereits Eingetroffenen bleibt."

Beispiel 2:

In der fiktiven Einrichtung gilt das weitere Hauptaugenmerk der Mitarbeiterinnen dem Bereich „Teamarbeit" und dem Unterpunkt „Zusammenarbeit im Team".

Als *Richtungsziele* werden festgelegt:

- „Wir arbeiten gerne in der Einrichtung."
- „Wir akzeptieren uns gegenseitig mit unseren Stärken und Schwächen."

Die sich daraus ergebenden *Handlungsziele* lauten:

- „Wir planen gemeinsame Aktionen, um den Zusammen-
  halt im Team zu fördern."
- „Wir berücksichtigen gegenseitig unsere fachlichen
  Äußerungen."
- „In Entscheidungsprozesse wollen wir alle Meinungen
  einbeziehen."

Durch Konkretisierung der Handlungsziele werden *Standards* abgeleitet:

- „Es gibt festgelegte Rituale, die den Teamzusammen-
  halt stärken. Jeden Monat werden 5,00 DM in eine
  Kasse eingezahlt. Davon werden Geburtstagsgeschenke
  gekauft und beim Betriebsausflug essen gegangen."
- „In Teambesprechungen wird die Kollegin nicht
  unterbrochen."
- „Die Zeit für einen Beitrag beträgt maximal zwei
  Minuten – es sei denn, es handelt sich um ein Referat
  zu einem Thema."

- „Bei wichtigen Themen wird durch gezieltes metho-
  disches Vorgehen, wie z. B. Meta-Plan (sog. Kärtchenmethode), die Meinung aller Beteiligten abgefragt."
- „Die Teamsitzung wechselt wöchentlich die
  Moderatorin."

In der fiktiven Einrichtung wurden als die wichtigsten Arbeitsbereiche zunächst „Arbeit mit Kindern" und „Teamarbeit"
festgelegt. Anschließend wurden die Unterpunkte ausge-
wählt. Diese Auswahl ist für jede Einrichtung verschieden
und hängt davon ab, was die Mitarbeiterinnen als besonders
wichtig zur Erfüllung des Leitbildes erachten. Auch Anzahl
und Art der hier angeführten Standards stellen lediglich Beispiele dar. Ziel ist es, im Verlauf dieses Qualitätsmanagementprozesses nach der beschriebenen Methode und der Abbildung 12 (s. S. 86) für alle Arbeitsbereiche Standards zu
erarbeiten.

Nun ist es an Ihnen, die Erhebung der Ziele und Standards
für die einzelnen Arbeitsbereiche durchzuführen. Wir werden
Ihnen im Folgenden zu verschiedenen Arbeitsbereichen mögliche Unterpunkte nennen. Diese werden von uns bewusst
nicht in gleicher Weise ausführlich behandelt, da wir Ihnen
keine fertigen Rezepte vorgeben wollen. Mal werden die
Unterpunkte nur kurz erläutert, mal werden sie exemplarisch
mit Zielen und Standards versehen. Wichtig ist uns, dass Sie
Anregungen und Beispiele erhalten, an denen Sie sich orientieren können, und die Sie nach dem eben beschriebenen Ablauf ausgerichtet an ihrer eigenen Einrichtung, weiterführen
und ergänzen können.

Arbeitsbereich Arbeit mit Kindern

Mögliche Unterpunkte:

Projekte
Freispiel
Gemeinsame Kreise

In Kinderbetreuungseinrichtungen ist die Arbeit mit Kindern wichtigste und wesentliche Aufgabe. Den Grundsätzen des Sozialgesetzbuches (SGB) VIII, § 22, Absatz 2 (s. S. 25) gemäß sind dies die Betreuung, Bildung und Erziehung der Kinder. Hinsichtlich der Einstellung gegenüber Kindern hat sich in der Pädagogik ein grundlegender Wandel vollzogen: Kinder werden nicht mehr als emotionale Nesthocker und unfertige Erwachsene angesehen, deren Defizite mittels ausgefeilter pädagogischer Methoden und Tricks behoben werden müssen, um sie zu den Erwachsenen zu formen, die wir selbst immer sein wollten.

Was sind Kinder und welches Bild haben wir von ihnen?

Kinder werden heute als eigenständige Persönlichkeiten betrachtet. Bereits mit der Geburt nehmen sie Einfluss auf ihre Umwelt: Sie geben ihren Gefühlen durch Laute und Bewegungen unmittelbar Ausdruck und versuchen damit u. a., Spannungen abzubauen und wieder in ein inneres Gleichgewicht zu gelangen. Später sind es zunächst Mund und Hände, mit denen Kinder die Welt begreifen und erfahren. Dann lernen sie laufen, und mit der Zeit erschließen sie ihre Umgebung auch durch Fragen.

Kinder sind neugierig und wollen ihre Welt mit allen Sinnen erleben. Ihren Impulsen vertrauend suchen sie Kontakt, gehen auf alles zu und setzen sich damit auseinander. Bewegung ist für Kinder der Schlüssel zur Welt und dient gleichsam dem fortschreitenden Lernen und der Erweiterung ihrer Fähigkeiten. Dabei gehen sie eigene Wege und machen eigene

Erfahrungen. Sie entwickeln dabei auf individuelle Art und Weise Vorstellungen über sich und die Welt, Gut und Böse, und ziehen ihre eigenen Schlüsse daraus: „Das Kind ist der Baumeister seines Lebens" (Maria Montessori).

Doch bei aller Selbstbestimmtheit bedarf das Kind der Gemeinschaft und Sicherheit in Beziehungen. Kinder sind heute Akteure ihrer Entwicklung. Und wir, die pädagogischen Fachkräfte, stehen in einem gemeinsamen Prozess mit den Kindern, stellen Möglichkeiten zur selbstbestimmten Entwicklung bereit und geben Halt. Unsere Erziehung basiert auf der Anerkennung der eigenständigen Persönlichkeit von Kindern und erfolgt dialogisch.

Wie gestalten Sie Ihr weiteres Vorgehen? Grundsätzlich verfahren Sie nach der beschriebenen Methode zur Entwicklung von Zielen und Standards. Dabei orientieren Sie sich an den grundlegenden Bedürfnissen der Kinder, die Sie in Schritt 6 ermittelt haben, den oben genannten Grundannahmen zum Wesen des Kindes und am Leitbild Ihrer Einrichtung.

Methode: *Schließen Sie die Augen und gehen Sie gedanklich den Alltag in Ihrer Kita durch. Rufen Sie sich Situationen vor Augen, die besonderen Eindruck bei Ihnen hinterlassen haben. Ziehen Sie auch Beobachtungen heran, die Sie bereits schriftlich festgehalten haben, wie z. B. „Critical Incidents" („kritische Vorkommnisse", s. Schritt 8, S. 149).*

Anschließend bearbeiten Sie mittels eines Brainstormings im Team die Frage: „Wo sehe ich Handlungsbedarf und möchte Klarheit im Handeln erarbeiten?" Nach Auflistung der einzelnen Punkte gehen Sie diese nochmals gemeinsam durch und die Kollegin, die den jeweiligen Punkt genannt hat, gibt in aller Kürze Erläuterungen dazu.

Anschließend erhält jede Mitarbeiterin Wertungsstimmen, bemessen nach der Hälfte der genannten Punkte. Diese werden nun verteilt (max. drei je Punkt). Sie beginnen mit dem Punkt, der die meisten Stimmen erhalten hat, und erarbeiten die Standards dazu.

Die Abstimmung fällt von Kita zu Kita sehr unterschiedlich aus. So kann es das Freispiel sein, dem zunächst die Aufmerksamkeit gilt und für das Standards erarbeitet werden, die Projektarbeit oder auch die Gestaltung des Morgenkreises. Ebenfalls häufig werden die Punkte: „Wie begrüßen wir die Kinder?" „Wie vollziehen wir die Neuaufnahme und Eingewöhnung von Kindern?" und „Wie arbeiten wir mit den Schulanfängern?" genannt. Einige Kitas richten ihren Blick zunächst auf die „kreativen Aktivitäten", wieder andere, die sich in einem Stadtteil mit hohem Anteil ausländischer Mitbürger befinden, auf den Aspekt der Integration.

Die Liste lässt sich weiter fortsetzen. Bezogen auf Ihre Einrichtung, Ihr Leitbild und die Kinder, die Ihre Einrichtung besuchen, haben Sie mit der oben beschriebenen Methode die Aspekte hervorgehoben, die für Sie die höchste Priorität besitzen. Im weiteren Vorgehen bestimmen Sie im Team zunächst Ihr Verständnis des ausgewählten Unterpunkts, bevor Sie sich an die Ausarbeitung der Standards begeben. Diese Klärung ist notwendig, weil sich daraus Ihre pädagogische Vorgehensweise ableitet.

Zur Verdeutlichung greifen wir im Folgenden die zentralen Punkte der Elementarpädagogik „Projekte", „Freispiel" und „gemeinsame Kreise" heraus und erläutern diese. Sie zeichnen sich dadurch aus, dass hier die fein- und grobmotorische Ebene wie auch die sprachliche und kognitive Ebene betreten wird und die soziale und individuelle Entwicklung als auch die kindliche Kreativität und Fantasie Raum hat.

Sehen wir uns den Punkt „Projekte" genauer an. In der Praxis kursieren sehr unterschiedliche Vorstellungen davon.

1 Projekte

Was ist ein „Projekt"? Unter Projekt verstehen wir eine Vorgehensweise, die zu einem bestimmten Thema erfolgt. Mittels unterschiedlicher Methoden wird das Thema des Projekts umfassend erlebt bzw. mit allen Sinnen erfahren.

Das Projektthema wird gemeinsam mit den Kindern bestimmt. Dazu wird ein aktuelles Thema, das die Kinder momentan besonders beschäftigt oder interessiert, aufgegriffen. Die Erzieherinnen und Kinder beteiligen sich aktiv am Projekt. Ein Projekt hat einen festgelegten Anfang und ein festgelegtes Ende. Der Zeitrahmen ergibt sich aus den Inhalten des Projekts. Für uns als pädagogische Fachkräfte heißt dies, dass wir mit den Kindern festlegen, welches Merkmal oder Ereignis anzeigt, wann das Projekt beendet ist. Die innere zeitliche Struktur ist fortlaufend, wird also nicht unterbrochen. Allein die Öffnungszeiten der Kita geben den täglichen Anfang und das tägliche Ende vor, am nächsten Tag wird das Projekt wieder aufgenommen. (Deutlich abgegrenzt davon ist die Arbeitsform der Aktionsgruppe (AG). Solche AGs finden in regelmäßigen Zeitabständen und zu bestimmten Uhrzeiten statt.)

Wie gehen wir vor? „Wenn du mit anderen ein Schiff bauen willst, so beginne nicht, mit ihnen Holz zu sammeln, sondern wecke in ihnen die Sehnsucht nach dem großen, weiten Meer" (Antoine de Saint-Exupéry).

Aus der Sicht einer Erzieherin ließe sich dieses Zitat folgendermaßen umformulieren: Ich will mit den Kindern „ein Schiff bauen", ein Projekt durchführen. Ich „beginne nicht, mit ihnen Holz zu sammeln". Es wäre ein Leichtes, den Kindern die eigene Vorstellung aufzuzwingen und ihnen exakt zu erklären, wie das weitere Vorgehen auszusehen hat und was die Kinder tun dürfen – oder auch nicht: „So, ich habe euch ein paar Leisten mitgebracht. Was ihr damit machen könnt, seht ihr hier!" Ein perfekt geleimtes Etwas wird für alle deutlich sichtbar in die Luft gehalten. „Nun stellt ihr euch in gleichem Abstand an die Werkbank und dann..."

In einem durch die Kinder bestimmten Leben in der Kita „will" ich etwas als Erzieherin, weil ich von den Kindern zu hören bekommen und durch Beobachtung und Reflexion erfahren habe, dass ihnen ein bestimmtes Thema am Herzen liegt. Und weil ich sehe, dass aufgrund der Wichtigkeit des Themas die Form des Projekts angemessen ist. Also wecke ich – ob im Stuhlkreis oder in einer Fantasiereise – in ihnen die Sehnsucht nach dem großen weiten Meer bzw. nehme das Thema auf. Dann bestimmen die Kinder das weitere Vorgehen, d. h. wie die Sehnsucht gestillt bzw. wie das Thema erlebt werden kann. Der Wille, etwas zu tun, ist damit ein gemeinsamer.

Welche Ziele verfolgen wir mit Projekten?

Innerhalb des Projekts kann jedes einzelne Kind seine Handlungskompetenzen ausleben. Die Kinder bereichern sich gegenseitig. Wir begleiten und ergänzen durch unsere Fähigkeiten, geben also im Idealfall so wenig wie möglich vor, sondern beteiligen uns. Lernen und Erfahrung finden auf allen Ebenen, mit allen Sinnen statt.

Im folgenden Beispiel sind es Geister und Gespenster, die die Kinder beschäftigen: Der Herbst macht sich deutlich bemerkbar. Es wird später hell und früher dunkel. Im Dämmerlicht sieht der große entlaubte Baum vor der Kita ganz unheimlich aus, wie die Äste so karg in den Himmel ragen. Und wenn der Wind kräftig um die Ecken weht, heult es im ganzen Haus. Manchen Kindern wird es richtig Bange und die Fratzen der erleuchteten Kürbisse gefallen auch nicht allen. Die großen Kinder lachen, doch in einer stillen Minute ist ihnen auch nicht ganz geheuer.

„Ich habe schon mal einen Geist gesehen!" meint Julia mit einem Schaudern in der Stimme. „Und der Wind ist selbst ein Geist", lautet Max' Ergänzung. Die Erzieherin nimmt die Äußerungen der Kinder schon seit einigen Tagen wahr und bringt dies in den Stuhlkreis ein. „Ich höre euch schon seit einiger Zeit von Geistern und Gespenstern sprechen. Dieses Thema beschäftigt euch wohl sehr?" „Ja, die gibt es wirklich", fällt Laura gleich aufgeregt ein. „Und ich kann nicht schlafen, wenn ich immer an die Gespenster denken muss", ergänzt Samira. Florian ist da wesentlich abgeklärter, zumindest nach außen: „Ich habe eine Geschichte dazu zu Hause. Das ist gar nicht schlimm." Max meint: „Bring die doch mit!" Das Gespräch entwickelt sich weiter und die Erzieherin fasst am Ende des Stuhlkreises zusammen: „Wir schauen uns die Geister und Gespenster genauer an. Und was es mit ihnen auf sich hat. Als Erstes wird Florian morgen sein Buch mitbringen und die anderen Kinder schauen auch, ob sie welche haben". Dann werden in den folgenden Tagen die Gespenster gemalt und die Burgen, in denen sie wohnen. Mit den gemalten Burgen als Vorlage wird eine große Burg nachgebaut. Das Material wird gemeinsam von einem Waldspaziergang mitgebracht. Zum Abschluss des Projekts, so der Wunsch der Kinder, sollen das Zimmer verdunkelt und die Burg mit Kerzen ausgeleuchtet werden. Dazu sollen Geschichten erzählt werden. Nach dem Stuhlkreis sammeln die Kinder alle Decken der Einrichtung ein und bauen sich eine Geisterhöhle.

Bei der Beschäftigung mit dem Thema „Geister und Gespenster" tritt im Laufe des Projekts der Aspekt des Umgangs mit Angst und Mut wesentlich hervor. Auch dieses zweite, sich hinter dem eigentlichen Thema befindliche Motiv, greift die Erzieherin auf, und gibt den Kindern die Möglichkeiten und den Raum, ihre Gefühle wahrzunehmen und zu erleben. Nachdem Sie Ihr Verständnis von „Projekt" bzw. „Projektarbeit" definiert haben, leiten Sie daraus Ihre Handlungsziele und Standards ab. Dabei ermitteln Sie den Stellenwert, den „Projekte" in Ihrer Kita haben. Berufen Sie sich in Ihrer Arbeit z. B. auf den situationsorientierten Ansatz, erhalten Projekte konsequenterweise eine hohe Bedeutung. In den Standards werden die Häufigkeit, in der solche Vorhaben in der Einrichtung stattfinden, wie auch der Personaleinsatz fixiert.

So könnten zum Abschluss folgende Ausführungen in Ihrem QM-Handbuch zu lesen sein:

- Unser Verständnis von „Projektarbeit" ist... (Definition).
- Ziele unserer Projektarbeit sind... (Handlungsziel).
- Aufgrund unseres Leitbildes und ganzheitlichen Lernens haben Projekte einen hohen Stellenwert (Handlungsziel).
- Insgesamt werden im Halbjahr x-mal Projekte durchgeführt (Standard).
- Jedes Kind hat mindestens y-mal die Möglichkeit, an einem Projekt teilzunehmen (Standard).
- ...

Wenden wir uns nun einem weiteren wichtigen Element in der Arbeit mit Kindern zu, dem „Freispiel".

2 Freispiel

„Kinder und Uhren dürfen nicht ständig aufgezogen werden, man muss sie auch gehen lassen" (Jean Paul).

Methode: *Sie sammeln Antworten zu der Leitfrage „Was verstehe ich unter Freispiel?" Jede Mitarbeiterin arbeitet zehn Minuten für sich. Sie darf drei Aspekte zur Beantwortung anführen. Anschließend sammeln Sie im Team die Antworten und punkten sie. Eine Kollegin erklärt sich bereit, aus den wichtigsten Aspekten eine Definition zu verfassen. Die Vorlage erfolgt bis zur nächsten Sitzung, in der dann der Feinschliff erfolgt, also eventuelle Verbesserungen durchgeführt werden.*

Eine mögliche Definition könnte z. B. lauten: „Freispiel heißt, die Kinder können wählen, was sie mit wem und wie lange spielen möchten. Sie tun das, was ihnen am meisten entspricht. Im Freispiel entdecken die Kinder die Welt und setzen sich mit ihr auseinander".

Was ist ein „Freispiel"?

Anschließend legen Sie die diesbezüglichen Handlungsziele und Standards fest. Folgende Beispiele können als Anregung dienen:

Welche Handlungsziele haben wir für das Freispiel?

- Freispiel bietet den Kindern Wahlmöglichkeiten. Sie können eigene Entscheidungen treffen und diese in ihren Konsequenzen erfahren. Sie erleben ihr eigenes Handeln in Bezug zu anderen.
- Kinder lernen und bilden sich im Freispiel.
- Kinder erproben sich in unterschiedlichen Rollen und bilden so ihre Individualität aus.
- Bevor die Lebens- und Spielräume verdichtet und mit Pkw befahren wurden und Kinder noch nicht in dem Ausmaß Zeit in Kitas oder anderen Einrichtungen verbrachten, stellte das Freispiel die wesentliche Möglichkeit zur Entwicklung dar. Wir holen diese Form des Spiels zurück.
- Neben den Zeiten, in denen Freispiel stattfindet, gibt es auch in der Zeit pädagogischer Angebote ein Nebeneinander und kein Nacheinander.

Welche Standards ergeben sich für die Fachkräfte für das Freispiel?

- Wir begleiten die Kinder und geben keine Spiele bzw. Spielsituationen vor.
- Wir sind Ansprechpartner.
- Wir stellen Materialien und Räume bereit.
- Wir gestalten die Räume mit den Kindern.
- Wir beziehen die Kinder in die Materialbeschaffung ein.
- Wir stellen gemeinsam mit den Kindern die Regeln für das Freispiel auf.
- Wir reflektieren die Freispielsituation in jeder Teamsitzung fünf Minuten lang.

Welche Standards erheben wir bezüglich der Bedingungen und Spielmaterialien?

- Es sind Räume vorhanden, in denen die Kinder lauter sein dürfen.
- Die Kinder haben freien Zugang zu bestimmten Spielmaterialien.
- Die Spielmaterialien sind aufgeteilt nach Räumen: Sinneserfahrungen sind im blauen Raum, Rollenspiel mit Kleidung und Spiegeln im gelben Raum...

Alle Antworten werden im QM-Handbuch dokumentiert. In Zukunft können Sie auf die Äußerung: „Na, heute nur gespielt?" mit einem Zitat von Friedrich Schiller kontern: „Der Mensch spielt nur, wo er in voller Bedeutung des Wortes Mensch ist, und er ist nur da ganz Mensch, wo er spielt."

In Abbildung 13 (s. S. 102) finden Sie ein ausgeführtes Beispiel, wie Leitbild, Ziele und Standards zum Unterpunkt Freispiel entwickelt werden könnten (s. auch Abb. 12, S. 86).

Zum Abschluss des Arbeitsbereichs „Arbeit mit Kindern" beschäftigen wir uns mit der Gestaltung des Unterpunktes „gemeinsame Kreise".

3 Gemeinsame Kreise

Es kann sich dabei um einen klassischen Stuhlkreis handeln, um einen Morgenkreis, bei dem alle auf dem Teppich sitzen, oder um eine Kinderkonferenz. Unabhängig von der Form haben im Kindergarten solche Kreise die Funktion eines Parlaments. Hier werden gemeinsam neue Regeln für die Freispielzeit besprochen, das nächste Projekt angekündigt oder neue Kinder begrüßt. So erleben die Kinder die Kreise als eine wichtige Möglichkeit der bewussten Einflussnahme auf ihr Leben in der Kita.

Was sind „gemeinsame Kreise"?

Abbildung 13: Erhebung von Zielen und Standards am Beispiel des Unterpunkts „Freispiel"

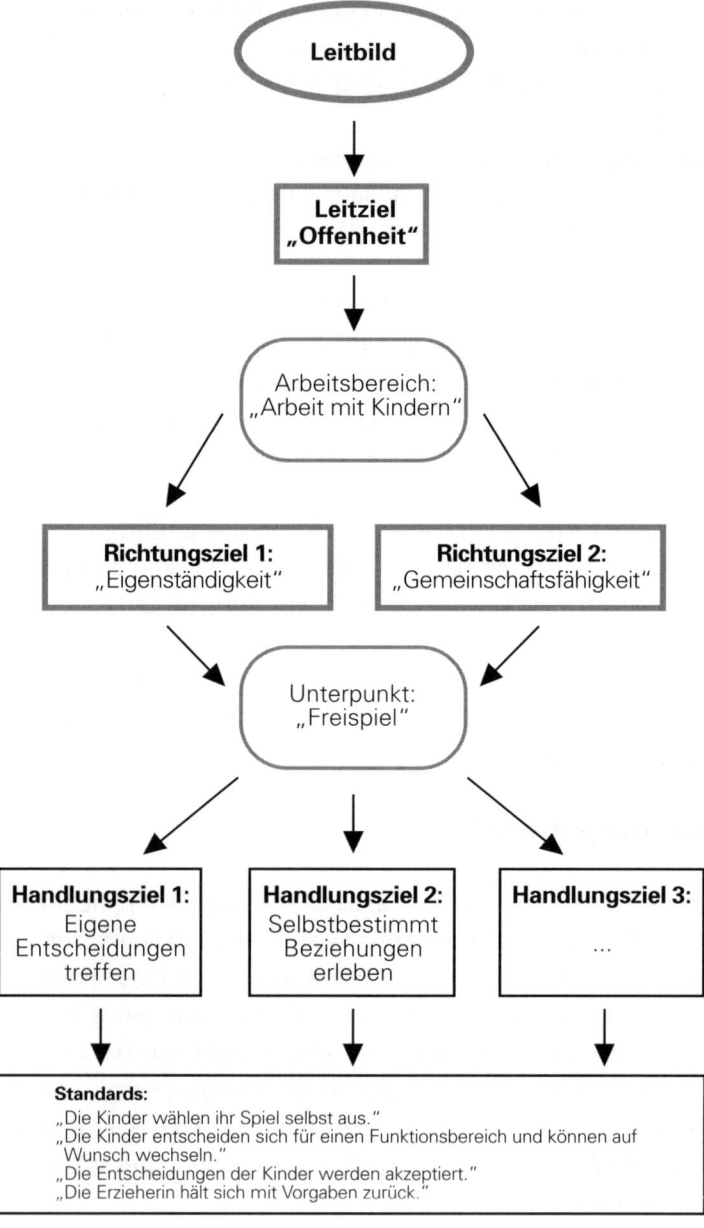

Von Seiten der Fachkräfte wird in den gemeinsamen Kreisen außerdem bewusst Gemeinschaft hergestellt. Die Kinder bringen Themen ein, die sie beschäftigen und die wichtig für sie sind. Sie tauschen sich darüber mit den anderen Kindern aus und finden bei den Erzieherinnen Gehör, so dass das eigene Thema zu einem Thema für alle gemacht wird. Kreise sind damit eine Form, in denen Gemeinschaft als Bereicherung erfahren wird.

Nicht zuletzt machen solche Kreise auch Spaß, sollte es mal wieder auf „Löwenjagd" gehen oder „Schmetterling, du kleines Ding" gesungen werden.

Wir haben die Fragen zusammengestellt, denen wir immer wieder begegnen und die Ihnen für die Erarbeitung von Handlungszielen und Standards Anhaltspunkte bieten können:

- Welche Funktion haben in unserer Kita gemeinsame Kreise?
- Was ist Inhalt der gemeinsamen Kreise?
- Was machen wir mit Kindern, die nicht teilnehmen wollen?
- Wie stehen selbstbestimmtes Spiel und Strukturierung des Tagesablaufs durch den Morgenkreis o. Ä. in Einklang miteinander?

Sie ergänzen die Fragen und tragen die Antworten bzw. Handlungsziele und Standards in Ihr QM-Handbuch ein.

Wir schließen an dieser Stelle unsere Ausführungen zu den Unterpunkten im Breich „Arbeit mit Kindern" ab. „Projekte", „Freispiel" und „gemeinsame Kreise" haben wir zu Ihrer Orientierung und Anregung hervorgehoben. Im weiteren Vorgehen setzen Sie selbst die Schwerpunkte und gehen dabei gemäß der Methode zur Erhebung von Zielen und Standards vor.

Wie kann die Entwicklung der Kinder nach-vollzogen und dokumentiert werden?

Sie haben nun für den Bereich „Arbeit mit Kindern" Ziele und Standards erhoben. Doch wie bewähren sich diese im Alltag, d. h., werden sie den individuellen Bedürfnissen, Charakteren und dem unterschiedlichen Entwicklungsstand aller Kinder gerecht? Hier gilt es, die Kinder systematisch zu beobachten und ihre Entwicklung schriftlich zu dokumentieren. In welcher Häufigkeit Sie dies tun, hängt zum einen vom jeweiligen Kind, zum anderen von der Art und Weise der Dokumentation ab. Die Dokumentationsform, die es ermöglicht, alle Kinder unter gleichen Kriterien zu beobachten, ist der Beobachtungsbogen. Solche Bögen können sehr unterschiedlich gestaltet sein. Wir haben im Folgenden zwei zusammengehörige Bögen angefügt.

Der erste Beobachtungsbogen (s. Abb. 14, S. 106) enthält elf Kategorien: Körperliches Erscheinungsbild, äußeres Erscheinungsbild, Emotionalität, Grobmotorik, Feinmotorik, Spielverhalten, soziales Verhalten, kognitive Entwicklung, Sprachverhalten, lebenspraktischer Bereich und Essverhalten. Ergänzend werden „besondere Auffälligkeiten" vermerkt und in einer gesonderten Spalte die letzten Gesprächstermine mit den Eltern notiert.

Die einzelnen Kategorien sind differenziert und können entsprechend angekreuzt werden. Dies bietet bei aller Ausführlichkeit die Möglichkeit, mit geringem Zeitaufwand eine genaue Beobachtung durchzuführen. Diesen Bogen gilt es mindestens zweimal im Jahr zu führen. Um Entwicklungsschritte nachvollziehen oder Vergleiche anstellen zu können, sind diese Bögen in einem eigens dafür vorgesehenen Ordner abzuheften. Besonderheiten bzw. Schwierigkeiten bei einem Kind, die im Laufe der systematischen Beobachtung deutlich werden, sind im Team zu besprechen und stellen einen Anlass für weitere Schritte dar. So kann es sein, dass ein Kind zukünftig verstärkt dazu motiviert wird, den bisher eher gemiedenen Außenbereich aufzusuchen. Die Entwicklung eines anderen Kindes könnte Anlass für ein Gespräch mit den Eltern geben.

Der zweite Beobachtungsbogen (s. Abb. 15, S. 108) dient der Dokumentation von „besonderen Vorkommnissen", die stichwortartig festgehalten werden. Am Schluss dieses Beobachtungsbogens sollte ein Fazit vermerkt werden.

Die Beobachtungsbögen bieten Anhaltspunkte zur systematischen Beobachtung von Kindern. Je nach Einrichtung können die Kategorien anders gewichtet, Einzelaspekte hinzugefügt oder herausgenommen werden. Die Häufigkeit der Dokumentation halten Sie neben den Standards zu den pädagogischen Vorgehensweisen in Ihrem Qualitätshandbuch fest.

Abbildung 14: 1. Beobachtungsbogen

Beobachtungsbogen   Kita Willdoch

erstellt von: ....   am: ....

Name des Kindes: ....   Alter: ....

Körperliches Erscheinungsbild: ❑ normal ❑ klein ❑ groß
❑ untergewichtig ❑ übergewichtig
❑ Sonstiges:..

Äußeres Erscheinungsbild: ❑ normal ❑ ungepflegt ❑ gepflegt
❑ Sonstiges:..

Emotionalität: ❑ aggressiv ❑ destruktiv ❑ rational
❑ konstruktiv ❑ einfühlsam ❑ depressiv

Selbstwertgefühl ❑ normal ❑ gering ❑ hoch/gut

Eigenständigkeit ❑ normal ❑ gering ❑ hoch/gut

❑ Sonstiges:..

Grobmotorik: ❑ in sich gekehrt ❑ steif ❑ offen
❑ normal ❑ federnd ❑ staksig
❑ gewandt ❑ kraftvoll

Gleichgewichtssinn ❑ normal ❑ gering ausgeprägt ❑ stark ausgeprägt
❑ Sonstiges:..

Feinmotorik: Ausprägung ❑ schlecht ❑ normal ❑ gut
❑ Sonstiges:..

Spielverhalten:

	aktiv	❑	❑	❑	❑	❑	passiv
	selbstständig	❑	❑	❑	❑	❑	unselbstständig
	planvoll	❑	❑	❑	❑	❑	planlos
	fantasievoll	❑	❑	❑	❑	❑	fantasiearm
	ausdauernd	❑	❑	❑	❑	❑	ohne Ausdauer

Wie spielt das Kind? ❑ alleine ❑ mit anderen Kindern ❑ mit Erwachsenen

Position in der Spielgruppe: ❑ Kasper ❑ Führungsposition ❑ Störenfried
❑ Mitläufer ❑ Nachahmer ❑ Sündenbock
❑ Sonstiges:..

Bevorzugte Funktionsräume: ❑ Bauen/Konstruieren ❑ Kreativ ❑ Kuschelecke
❑ Halle ❑ Rollenspiel ❑ Flur
❑ Werkraum ❑ Außenbereich

Gemiedene Funktionsräume: ❑ Bauen/Konstruieren ❑ Kreativ ❑ Kuschelecke
❑ Halle ❑ Rollenspiel ❑ Flur
❑ Werkraum ❑ Außenbereich

Bevorzugtes Spielmaterial: ....

Abgelehntes Spielmaterial: ....

Soziales Verhalten: ❑ gruppenentsprechend   ❑ altersentsprechend
❑ regelentsprechend

Kontaktwunsch zu anderen Kindern	sehr stark	❑	❑	❑	❑	❑	gar nicht
Kontaktaufnahme	sehr stark	❑	❑	❑	❑	❑	gar nicht

Bevorzugte Spielpartner ❑ Mädchen   ❑ Jungen   ❑ Stärkere   ❑ Schwächere
❑ Ältere   ❑ Jüngere   ❑ Gleichaltrige

Konfliktverhalten	kompromissfähig	❑	❑	❑	❑	❑	kompromisslos
Regeln	werden eingehalten	❑	❑	❑	❑	❑	nicht eingehalten
Wertschätzung von Spielmaterial	vorhanden	❑	❑	❑	❑	❑	nicht vorhanden

Kognitive Entwicklung:

Aufmerksamkeit	hoch	❑	❑	❑	❑	❑	gering
Belastbarkeit	hoch	❑	❑	❑	❑	❑	gering
Konzentration	hoch	❑	❑	❑	❑	❑	gering
Ausdauer	hoch	❑	❑	❑	❑	❑	gering
Ortsbegriffe (oben, unten, ...)	bekannt	❑	❑	❑	❑	❑	unbekannt
Zahlbegriffe (eins, zwei, ...)	bekannt	❑	❑	❑	❑	❑	unbekannt
Zeitbegriffe (vorher, morgen, ...)	bekannt	❑	❑	❑	❑	❑	unbekannt
Farben	bekannt	❑	❑	❑	❑	❑	unbekannt

Sprachverhalten: ❑ Stammeln   ❑ Lispeln   ❑ Näseln
❑ Stottern   ❑ Poltern   ❑ Näseln
❑ Wortfindungsstörungen   ❑ normal

Wortschatz	groß	❑	❑	❑	❑	❑	klein

❑ Sonstiges:..

Lebenspraktischer Bereich: ❑ Schuhe binden   ❑ selbstständiger WC-Gang

❑ selbstständiges An- und Ausziehen

Essverhalten: ❑ gierig   ❑ isst kaum   ❑ kein Durst

Besondere Auffälligkeiten: ....

Termine
der letzten Elterngespräche: ....

Abbildung 15: 2. Beobachtungsbogen

Beobachtungsbogen   **Kita Willdoch**

erstellt von: ....   am: ....

Name des Kindes: ....   Alter: ....

❏ im Freispiel   ❏ Angebot/Projekt   ❏ Essen

❏ Außengelände   ❏ Funktionsraum: _____

Besonderes Vorkommnis : _____

_____

_____

_____

_____

_____

_____

_____

_____

_____

_____

Fazit: _____

_____

_____

_____

_____

Arbeitsbereich Leitung

Mögliche Unterpunkte:

Selbstbild und Selbstreflexion
Führungsverantwortung und Führungsstil
Aufgabenbereiche für die Leitung
Fachkompetenz

Sie sind Leiterin (= Managerin) einer Kindertageseinrichtung? Leiten bzw. managen impliziert, dass Sie andere Menschen in ihrer Arbeit anleiten und führen. Sind Sie sich Ihrer Führungsverantwortung bewusst? Wie setzen Sie diese in die Tat um? Welche Stellung nehmen Leitung und Mitarbeiterinnen im Gefüge bzw. der Struktur der Kita ein?

Was bedeutet Leitung?

1 Selbstbild und Selbstreflexion

Um eine Einrichtung sicher und qualitativ gut leiten zu können, stellt sich bei Übernahme einer führenden Position die Frage nach dem Selbstbild. Was habe ich und brauche ich als Leiterin einer Kindertagesstätte? Wie sind meine eigene Einschätzung und mein persönliches Bild von mir als Leitung? Es empfiehlt sich folgende Übung:

Methode: Als Vorbereitung haben Sie von einer Kollegin Ihren Umriss auf ein großes Blatt Papier zeichnen lassen. Stellen Sie sich die Frage: „Wie sehe ich mich selbst als Leiterin?" Belegen Sie nun die entsprechenden Körperteile mit Ihren Eigenschaften, indem Sie diese auf Papierstreifen in Grün schreiben. Danach schreiben Sie in Rot dazu, welche Eigenschaften sie noch gerne hätten und/oder brauchen. Mit diesem Wissen planen Sie Ihre eigenen Fortbildungen oder bringen dies in die Supervision ein. Mit der Übung lassen sich auch die vorhandenen Fachkompetenzen, die für eine Leitung notwendig sind, darstellen.

Zur Kompetenz einer Leitung gehört unseres Erachtens auch die Fähigkeit zur Selbstreflexion. Haben Sie mit der obigen Methode Ihren persönlichen Ist-Zustand erhoben, analysieren Sie nun Ihr Tun und Handeln:

Methode: *Warum handle ich in bestimmten Situationen auf diese Art und Weise? Was ärgert mich am Verhalten von der- oder demjenigen? Wie könnte ich besser reagieren? Diese Fragen ergänzen Sie durch aktuelle eigene Fragen. Fragen und Antworten nehmen Sie sich in einem bestimmten zeitlichen Rhythmus immer wieder vor und reflektieren sich selbst. Beginnen Sie mit einem kurzen Abstand von sechs Wochen und verlängern Sie diesen bis zu einem halben Jahr.*

2 Führungsverantwortung und Führungsstil

Wenden wir uns nun Ihrem Führungsstil zu. In jedem Kindergarten gibt es eine Leiterin, unabhängig davon, ob es sich dabei um einen eingruppigen oder mehrgruppigen Kindergarten handelt. Was nichts anderes heißt, als dass eine Hierarchie vorhanden ist, an deren Spitze die Leitung steht. Gerade im sozialen Bereich wird diese hierarchische Ausprägung in den Einrichtungen immer wieder heruntergespielt oder übersehen. Der Grund ist in Aussagen zu finden wie „Wir verstehen uns doch alle, da brauchen wir keine Leitung!" Doch kooperatives Arbeiten ist erst durch Akzeptanz der unterschiedlichen Stellungen und Funktionen möglich. Hier bringen Sie Ihr Team ins Spiel und arbeiten zu folgenden Fragen:

Methode: *Wie sieht die Hierarchie, also das Über- und Unterordnungsverhältnis von Leitung und Mitarbeiterinnen aus? Wie wird diese Hierarchie in Ihrer Einrichtung gelebt? Welcher Führungsstil wird praktiziert? Wer trifft Entscheidungen bzw. wie werden Entscheidungen getroffen: Durch Abstimmung im Team, durch Diskussion, bis alle zufrieden sind, oder entscheidet allein die Leiterin? Wie geht die Leiterin mit Macht und Autorität um?*

Welche Erwartungen hat das Team an die Leitung und welche die Leitung an das Team?
Ermitteln Sie anhand dieser Fragen Standards. Im Arbeitsbereich „Team" ergänzen und erweitern Sie diese Standards. Wichtiger Nebeneffekt dieser Übung besteht in der Nennung der Grundhaltungen aller für die Zusammenarbeit im Team.

Eine gute Leiterin muss eine „Spezialistin für zwischenmenschliche Beziehungen" sein, ebenso wie eine „Spezialistin für bestimmte Aufgabenstellungen". „Führungseffektivität setzt voraus, dass man ein Fingerspitzengefühl im Umgang mit Menschen beweist und sie zugleich zu einer hohen Arbeitsleistung zu motivieren versteht. Das eine geht nicht ohne das andere" (Gordon, 1989, S. 16).

3 Aufgabenbereiche für die Leitung

Kommen wir zu den Aufgaben einer Leiterin:

- Konzeptionelle Arbeit,
- Verwaltungs- und organisatorische Arbeiten,
- Teamarbeit und Mitarbeiterinnenführung,
- Eltern- und Familienarbeit,
- Zusammenarbeit mit dem Träger,
- Zusammenarbeit mit anderen Institutionen,
- gemeinwesenorientierte Arbeit,
- Öffentlichkeitsarbeit und in den meisten Fällen die Leitung einer Gruppe.

Die Aufgabenstellung bedarf einer genauen Analyse, denn durch die Vielseitigkeit der Arbeitsgebiete nimmt die Leitung gleichzeitig verschiedene Rollen ein: Auf der einen Seite ist sie Teammitglied und Gruppenleitung, auf der anderen Seite vertritt sie die Interessen des Trägers. Gegenüber den Eltern

111

ist sie Erzieherin und hat sich mit den gleichen Fragestellungen wie die Kolleginnen auseinander zu setzen, gleichzeitig ist sie die Verantwortliche für die Gesamteinrichtung, und ihr Wort und Handeln haben dadurch größeres Gewicht. Die Kunst besteht nun darin, bewusst immer nur auf einem der Stühle Platz zu nehmen, also eine der unterschiedlichen Rollen auszuüben, und sich nicht dazwischen zu setzen.

An dieser Stelle sind wir wieder bei der Selbstreflexion angelangt. Bei der Fülle der Aufgaben und einem, vor allem bei nicht freigestellten Leitungen knapp bemessenen Zeitbudget, stellt sich die Frage, welche Aufgaben von den Mitarbeiterinnen wahrgenommen werden können.

Methode: *Welche Aufgaben obliegen der Leiterin einer Einrichtung und welche Aufgaben können delegiert werden? Auch hier ziehen Sie Ihr Team zu Rate. Sie schreiben jeden Tätigkeitsbereich auf ein einzelnes großes Blatt Papier. Alle Blätter werden in zwei Spalten eingeteilt und aufgehängt. Jede Mitarbeiterin – auch die Leitung – erhält einen Stift und trägt einzelne Aufgaben auf den Blättern ein. Die linke Spalte ist für die Mitarbeiterinnen reserviert, die rechte für die Leitung. Nehmen Sie sich dafür 30 Minuten Zeit.*

Anschließend bilden Sie eine Schnittmenge bzw. markieren die Bereiche, die deckungsgleich sind. Die Aufgaben, die nicht deckungsgleich sind, bedürfen einer klaren Zuordnung. Ziehen Sie dazu den Aufgabenkatalog, der durch die Stellenbeschreibungen vorliegt, heran. Anschließend gehen Sie die fraglichen Punkte gemeinsam durch und legen fest, ob es sich dabei um Leitungs- oder Mitarbeiterinnenaufgaben handelt.

Mittels dieser Methode erkennen Sie, welche Aufgaben Ihnen Ihr Team zuteilt und welche die Mitarbeiterinnen als ihre eigenen Verantwortlichkeiten ansehen. Häufig sind nicht alle Aufgaben, die dem Empfinden der Mitarbeiterinnen nach von der Leitung wahrgenommen werden müssen, tatsächlich originäre Leitungsaufgaben. Durch die Transparenz und Festlegung der Aufgaben lassen sich Missverständnisse bezüglich Ihres Handelns von vornherein unterbinden.

Übertragen von Aufgaben oder Verantwortung heißt zu delegieren. Von besonderer Bedeutung ist dabei die eindeutige und klare Delegation der Aufgabe bzw. der Verantwortung: „Was macht wer, wann und wie? Und wann erhalte ich als Leitung Rückmeldung?" Sie delegieren zur Selbstentlastung, zum Zeitgewinn und zur Arbeitszufriedenheit der Mitarbeiterinnen. Dadurch geben Sie Verantwortung ab und erhöhen gleichzeitig die Mitverantwortung der Kolleginnen. In vielen Teams ist es bereits üblich, die Gesprächsführung bei Dienstbesprechungen wechselnd zu besetzen. Ebenso können Arbeitsgemeinschaften im Stadtteil, z. B. zum Thema „Gewaltprävention" o. Ä. von einer Mitarbeiterin vertreten werden. Je mehr Verantwortung die Mitarbeiterinnen erhalten, desto höher ist die Arbeitsmotivation (vgl. Gordon, 1989).

4 Fachkompetenz

Aus den Aufgaben der Leitung lassen sich die nötigen Fachkompetenzen ableiten. Heißt Leiterin zu sein, zugleich auch fachlich kompetenter als die Teammitglieder sein zu müssen? Mitnichten! Allerdings: Die Leitungsposition einzunehmen bedeutet, die eigenen Stärken und die des Teams zu erkennen, angemessen einzusetzen und zusammenzuführen. Fachliche Kompetenz sollte in allen Bereichen vorhanden sein, wie in der Pädagogik, Psychologie, Soziologie, Betriebswirtschaft und im Personalmanagement. Im Besonderen sollte die Leitung in der Lage sein,

- innovative Entwicklungen in Gang zu setzen,
- die fachliche Weiterentwicklung der Einrichtung gezielt zu unterstützen,
- ein hohes Maß an Konfliktbereitschaft vorzuweisen,

113

- Kommunikationsstrukturen zu erkennen und offene Kommunikation vorzuleben,
- Arbeitsprozesse zu organisieren und zu strukturieren, sei es durch Einführung von Projektarbeit, Verwaltung eines Budgets oder Entwicklung eines Dienstplans.

Ihnen kommt nun die Aufgabe zu, die Ziele und Standards, nach dem Schema (s. Abb. 12, S. 86) zu erarbeiten und in das QM-Handbuch aufzunehmen.

Arbeitsbereich Team

Mögliche Unterpunkte:

Zusammenarbeit im Team
Aufgabenverteilung
Selbstverantwortung
Fachkompetenz / Aus- und Fortbildung
Berufsbild und Selbstverständnis

Was ist ein Team? Ein Team ist eine Gruppe von Personen, die an einer gemeinsamen Aufgabe oder einem gemeinsamen Projekt arbeitet. Wie die meisten Teams haben auch Kita-Teams eine bestimmte Rangordnung, die sich aus Unterschieden in der Ausbildung ergibt: Sozialpädagogin, Erzieherin, Kinderpflegerin, Berufspraktikantin, Vorpraktikantin usw. Wie stark die Hierarchie jeweils ausgeprägt ist, variiert. In manchen Einrichtungen sind alle Teammitglieder gleichberechtigt, in anderen gibt es ein Leitungsteam.

Den meisten Teams im Kita-Bereich ist die Tatsache gemeinsam, dass es sich um reine Frauenteams handelt. Welche Auswirkung hat diese Tatsache auf die Zusammenarbeit im Team? Wie gehen Frauen mit Konflikten oder Konkurrenzsituationen um? Wie nehmen die Kinder die Situation wahr? Wie kann ein solches Team den Kindern glaubwürdig vermitteln, dass Zusammenarbeit eine zwar schwierige, aber lohnende Sache ist, dass die konstruktive Austragung von Meinungsverschiedenheiten und das Aushandeln von Kompromissen Bestandteile kreativen Problemlösens sind, wenn zwischen den Mitarbeiterinnen Spannungen, Streitigkeiten oder latente Konflikte herrschen? Diesen Fragen intensiver nachzugehen lohnt sich. Nehmen Sie die Fragen mit in Ihr Team oder in eine eventuelle Supervision.

Dem Team in Tageseinrichtungen für Kinder kommt eine häufig unterschätzte Bedeutung zu. Der Satz „Die innere Qualität ist Voraussetzung für die äußere Qualität" (J. Juran) macht deutlich, dass das Team die Basis einer sozialpädagogischen Einrichtung darstellt. Erst mit einer klaren Verteilung der Handlungskompetenzen, der Aufgaben und Regeln in einem Team, können die Ziele der pädagogischen Arbeit entwickelt und umgesetzt werden. Die Teamqualität prägt die Gesamtatmosphäre einer Kita und ist spürbar für alle, die die Einrichtung besuchen.

„Eins und Eins ist Drei!" Diese Gleichung, die bei Anwendung in der Mathematik katastrophale Folgen hätte, kann im sozialpädagogischen Bereich durchaus richtig sein. Versteht ein Team Verschiedenheit als Bereicherung, ergibt sich als Ganzes mehr als die Summe seiner Teile (so genannter Synergieeffekt). Bei der Ermittlung der Ressourcen des Teams in Schritt 3 wurden die Potenziale aller Mitarbeiterinnen ermittelt. Mit diesem Wissen werden nun die Richtungs- und Handlungsziele und die Standards für die Zusammenarbeit im Team gemeinsam erarbeitet.

1 Zusammenarbeit im Team

Methode: Die Leitfrage lautet: „Nach welchen Zielen wollen wir im Team arbeiten?" Jede Mitarbeiterin erhält eine bestimmte Anzahl Karten (zwischen drei und sieben), die von der Größe des Teams abhängt: Je größer das Team ist, desto weniger Karten pro Teammitglied werden ausgegeben. Auf jede Karte wird ein einziges Ziel geschrieben. Nach etwa 30 Minuten werden die Karten wieder eingesammelt. Die zuvor bestimmte Moderatorin liest jeweils eine Karte vor und heftet sie an die Wand. Die Karten, die nach Auffassung des Teams zusammengehören, werden in eine Spalte gehängt. Alle Karten werden aufgehängt, auch wenn Mehrfachnennungen vorhanden sind, denn diese verdeutlichen, wie wichtig das Ziel für das Team ist.

Wenn alle Karten an der Wand hängen, werden die Antworten geordnet. Jede Spalte bekommt eine Überschrift in Form eines Richtungsziels, welches Sie gemeinsam formulieren. Die einzelnen Ziele, die sich unter einem Richtungsziel befinden, werden in Handlungsziele umgeformt. Es geht bei dieser Sammlung nicht um Vollständigkeit. Grundsätzlich ergänzen und ändern Sie die Ziele, bis alle damit einverstanden sind.

Für das eine Team werden Regeln für die Zusammenarbeit im Vordergrund stehen, für ein anderes der Umgang mit der Zeit. Ein Thema wird aller Voraussicht nach die Strukturierung von Teambesprechungen sein. Nach Beendigung des vorgestellten Ablaufes (s. Abb. 12, S. 86) könnten folgende Standards formuliert werden:

- Die Gesprächsführung wechselt wöchentlich.
- Die Ergebnisse werden visualisiert.
- Folgende Methoden werden eingesetzt: Brainstorming, Kärtchenmethode,...
- Während der Besprechung wird nicht gegessen usw.

Für ein anderes Team ist es wichtig, das Vorgehen in schwierigen Situationen und die damit verbundenen Unstimmigkeiten zu klären. Ein Standard sowie der Eintrag im QM-Handbuch könnten z. B. folgendermaßen dokumentiert werden:

Schwierige Situationen

Situationen, die zu Konflikten führen, werden unter dem Motto „Fehler sind dazu da, gemacht zu werden" behandelt. Dabei werden Situationen, die besonders kritisch waren, nochmals eingehend in einer eigens dafür angesetzten, möglichst kurzen Teambesprechung betrachtet. Die Beschreibung der Situation erfolgt in Form von „Ich-Botschaften". Damit wird verdeutlicht, dass es sich um eine subjektive Wahrnehmung handelt. Jede Erzieherin, die beteiligt war, kommt zu Wort. Das Hauptaugenmerk ist auf die Situation und Ursache gerichtet; keine Mitarbeiterin wird verurteilt. Die Analyse der Situation erfolgt anhand folgender Fragen:

- Was ist passiert?
- Wie ist es passiert?
- Warum ist es passiert?

Intention ist es, aus der Klärung der schwierigen Situation verbesserte Handlungsweisen für die Zukunft zu gewinnen. Wir beenden die Besprechung, wenn jede Kollegin die Frage „Haben wir eine Umgangsform mit dieser Situation gefunden?" mit „Ja" beantworten kann.

Auch für die Entwicklung dieses Standards gilt der Grundsatz: Es werden nur die notwendigen und qualitätsrelevanten Ziele und Standards aufgeschrieben.

2 Aufgabenverteilung

Ein weiterer wichtiger Unterpunkt ist die klare Aufgabenverteilung im Team. Hier liegt, wie die Praxis zeigt, bei Unklarheiten ein hohes Konfliktpotenzial. Es ist deshalb notwendig, die Aufgaben, die für einen reibungslosen Ablauf sorgen, festzulegen und die Zuständigkeiten verbindlich zu regeln. Die Aufgaben können immer wieder ergänzt werden.

Methode: Es wird dieselbe Methode angewandt wie auf S. 116 beschrieben. Zur Abwechslung bilden sich Kleingruppen, welche alle anfallenden Aufgaben auf Karten schreiben. Wiederum gilt: Pro Aufgabe wird eine Karte verwendet. Die Aufgaben werden nun den jeweiligen Personen und deren Funktionen zugeordnet. Grundsätzlich hat die Kita-Leiterin andere Aufgaben als eine Gruppenleiterin. So kann z. B. Person A für den Materialschrank zuständig sein, Person B kümmert sich um die Öffentlichkeitsarbeit der Einrichtung. Bei der Aufgabenverteilung werden die Stärken der Mitarbeiterinnen berücksichtigt.

3 Selbstverantwortung

Die so genannte Selbstverantwortung führen wir als gesonderten Unterpunkt auf, da wir ihr einen besonderen Stellenwert einräumen. Hierin ist die Verantwortung zu sehen, die jede Mitarbeiterin für die Arbeit mitbringen muss. Sie schließt sich an die Übernahme von Aufgaben an und ist gleichzeitig Voraussetzung dafür.

Was bedeutet es, in einer Kita Verantwortung zu übernehmen? Die Fragen der Verantwortlichkeit beantworten Sie gemeinsam im Team. Es werden wieder Standards entworfen, die jede Mitarbeiterin für sich, z. B. in Form einer Checkliste, überprüfen kann. Damit können in Zukunft lästige Diskussionen über stehen gebliebene Kaffeetassen oder nicht abgeschlossene Türen vermieden werden und die Energie für sinnvollere Arbeiten eingesetzt werden.

4 Fachkompetenz / Aus- und Fortbildung

Um die Fachkompetenz der pädagogischen Fachkräfte auf einem hohen Niveau zu halten, ist es notwendig, regelmäßig an Weiterbildungen teilzunehmen. In den letzten Jahren gab es einen verstärkten Wandel in der Arbeit mit Kindern und neue Herausforderungen für das Fachpersonal. Themen wie Öffnung der Kita nach innen und außen, Erziehungspartnerschaft, Projektarbeit, Qualitätsmanagement und vieles mehr bestimmen die Diskussionen.

Die Ausbildung hinkt leider nach wie vor hinterher. Eine Aufgabe der Praxisstellen ist es, den beschäftigten Mitarbeiterinnen die Möglichkeit zur Fortbildung zu geben, gerade auch im Rahmen der Qualitätspolitik. Eine andere ist, neue Entwicklungen an die Ausbildungsstätten weiterzugeben. Der gesellschaftliche Wandel und die sich verändernde Lebenswirklichkeit von Kindern und Familien haben Auswirkungen auf das Verständnis von Jugendhilfe und das Berufsbild von Erzieherinnen. Dem hat die Erzieherinnenaus- und -fortbildung Rechnung zu tragen, will sie zu beruflicher Identität und Handlungskompetenz führen.

Wie wird die Teilnahme an Fortbildungen im Allgemeinen in der Einrichtung gehandhabt? Ist es beispielsweise üblich, dass sich jede Mitarbeiterin einmal im Jahr fortbildet? Nach welchen Kriterien werden die Themen der Fortbildungen ausgesucht? Wie erfahren alle Teammitglieder von den neu gewonnenen Erkenntnissen und wie fließen diese in die Arbeit ein? Auch dafür sind Standards, die für alle Gültigkeit haben, zu erarbeiten.

5 Berufsbild und Selbstverständnis

Hier sei nochmals darauf hingewiesen, dass die Gestaltung des Berufsfeldes entscheidend durch Frauen geprägt ist. „Das Berufsbild von der liebenden Ersatzmutti" sitzt nicht nur, wie Ebert beschreibt, „in den Köpfen der Männer, die von Amts wegen mit Erzieherinnen zu tun haben, sondern prägt auch nach wie vor das berufliche Selbstverständnis der Erzieherinnen selbst" (DJI, 1994, S. 172). In einer Untersuchung nennen Erzieherinnen folgende Bereiche als „sehr bedeutsam" für ihre Berufswahl: Liebe zu den Kindern, Kreativität, Selbstständigkeit, Selbstentfaltung und Spontaneität (vgl. DJI, 1994, S. 172).

Die Antworten zeigen, dass Erzieherinnen eher die intuitive, emotionale Seite ihrer Person betonen. Die planvoll-analysierende Seite ist aber ebenso gefordert, z. B. bei der Erarbeitung einer Konzeption oder bei der Reflexion des letzten Elternabends. Beide Seiten sind als emotionales und rationales Prinzip in uns wirksam.

Die Qualitätsentwicklung stellt eine Herausforderung für das gesamte Team dar. Auf der Sachebene werden kritische und reflektierende Kompetenzen gefordert, auf der persönlichen Ebene berührt sie das Rollenverständnis und das berufliche Selbstkonzept der Erzieherinnen im Kern.

Welches Berufsbild und berufliches Selbstverständnis liegt bei jeder einzelnen Mitarbeiterin vor? Wurden Sie durch die obigen Gedanken inspiriert, ein eigenes Selbstverständnis für die Arbeit zu entwickeln? Durch die Analyse und Weiterentwicklung des Berufsbildes schaffen Sie die Basis für bewusstes und selbstreflektiertes Arbeiten. „Wer sich seiner eigenen Kindheit nicht mehr deutlich erinnert, ist ein schlechter Erzieher" (Marie von Ebner-Eschenbach).

Arbeitsbereich Zusammenarbeit mit Eltern und Familien

Möglicher Unterpunkt:

Erziehungspartnerschaft
– Lebenswelt der Eltern und Familien
– Mitwirkung der Eltern und Familien
– Einbezug in die Planung

Erziehungspartnerschaft

„Eltern – das sind die, die eh´ nur längere Öffnungszeiten wollen. Die nicht sehen, dass ihr Kind vollkommen überfordert ist mit acht Stunden Kita am Stück. Die dann auch noch meinen sagen zu können, was wir zu tun und zu lassen haben und vor allem, was wir alles verkehrt machen". Treffen diese fiktiven Äußerungen Ihre Einstellung oder die Realität Ihrer Kita? Sind Sie als pädagogische Fachkräfte der Meinung, dass die Eltern diejenigen sind, vor denen Sie die Kinder beschützen müssen?

Elternarbeit oder Zusammenarbeit mit den Eltern?

Oder haben bereits andere Gedanken die Oberhand gewonnen? Sprechen Sie nicht von „Elternarbeit" sondern von „Zusammenarbeit mit Eltern"? Und ist Ihnen klar, dass Sie ohne die Eltern Ihre Kita schließen könnten? Beschribt damit folgender Satz Ihre Grundhaltung: „Erzieherinnen und Eltern sind wie Stamm und Wurzeln eines Baumes, sie müssen zusammenwirken, um das Wachsen und Gedeihen des Kindes zu ermöglichen"?

Der Begriff „Elternarbeit" klingt mittlerweile etwas veraltet und beschreibt nicht mehr das, was heute in Kitas mit und für Eltern geleistet wird. Mit dem Einbezug der Lebenswelt der Eltern und Familien aufgrund veränderter gesellschaftlicher Bedingungen wird in den Kitas ein Wandel von klassischer Eltern- hin zu lebendiger Familienarbeit vollzogen. Die Ergebnisse der Elternbefragung des Deutschen Jugendinstituts stützen die Annahme, dass sich die Kindertageseinrichtungen von „Orten der Kinder" weiterentwickeln zu „Orten der Familien". Die Kindertagesstätte wird als Kommunikationsort für die Familien und die Nachbarschaft beschrieben, und hierin liegt offensichtlich das Zukunftsmodell für Kinderbetreuungseinrichtungen (vgl. 8. Kinder- und Jugendbericht, 1990, S. 101).

In diesem Zusammenhang gehört auch der Begriff „Erziehungspartnerschaft", nach dem sich Eltern und Erzieherinnen als Partner in der Erziehung der Kinder begreifen, entsprechend der Ausführungen im Gesetzestext (SGB VIII § 22 Abs. 3): „Bei der Wahrnehmung ihrer Aufgaben sollen die in den Einrichtungen tätigen Fachkräfte und die anderen Mitarbeiter mit den Erziehungsberechtigten zum Wohl des Kindes zusammenarbeiten. Die Erziehungsberechtigten sind an den Entscheidungen in wesentlichen Angelegenheiten der Tageseinrichtung zu beteiligen."

Wie könnten mögliche Richtungsziele zur Erziehungspartnerschaft lauten und welche Bedeutung und Wirkung hätte dies bei der Umsetzung in die Praxis?

- Wir schaffen ein partnerschaftliches Verhältnis.

Das impliziert die wechselseitige Öffnung von Tageseinrichtung und Elternhaus. Es kann ein Dialog entstehen, in dem ausgetauscht, gelernt und reflektiert wird.

- Wir fördern den Kontakt unter den Familien.

Durch gemeinsame Aktivitäten entwickeln sich freundschaftliche Beziehungen. Damit wird die Basis für wechselseitige Unterstützung in Form von Nachbarschaftshilfe und Integration benachteiligter Gruppen geschaffen.

- Wir planen gemeinsam mit den Eltern.
Die Eltern erhalten/haben Mitspracherecht und ihre Kompetenzen werden einbezogen.

- Wir unterstützen die elterliche Erziehung und überwinden Schwierigkeiten gemeinsam.
Durch gemeinsame Reflexion geben wir Hilfestellung bei Erziehungsschwierigkeiten. Eltern und Erzieherinnen suchen zusammen nach einer Lösung.

Soweit zu möglichen Richtungszielen. Im Folgenden finden Sie Beispiele für Handlungsziele und die daraus abgeleiteten Standards als bezifferte Unterpunkte:

- Wir wollen einen regelmäßigen Austausch über das Kind.
1. Es wird eine ruhige Ecke zum Reden eingerichtet.
2. Während der Bring- und Abholzeiten führen wir Tür- und Angelgespräche.

- Wir führen regelmäßig Gespräche.
1. Zweimal im Jahr (Herbst und Frühling) finden so genannte „Entwicklungsgespräche" statt. Beide Partner haben die Gelegenheit, positive wie negative Kritik zu äußern. Die Gespräche entstehen nicht aus einem besonderen Anlass heraus.
2. Falls von beiden Seiten gewünscht, besteht die Möglichkeit eines Hausbesuchs.

- Wir wünschen uns eine aktive Teilnahme der Eltern am Alltag und Leben in der Kita.
1. Wir bieten nach Absprache Hospitationsmöglichkeiten an. Diese sollten vor allem in der Eingewöhnungszeit des Kindes stattfinden, aber auch noch später regelmäßig genutzt werden können, um die Entwicklung des Kindes zu beobachten.

- **Wir informieren regelmäßig über unsere Arbeit.**
  1. Dazu dienen Elternabende, die viermal im Laufe des Kindergartenjahres stattfinden. Elternabende zu gewünschten Themen können von Eltern und/oder Erzieherinnen organisiert werden.
  2. Die Eltern können im pädagogischen Alltag mitarbeiten. Aufgaben und Rolle des Elternteils werden vorher abgesprochen. Anschließend findet eine kurze gemeinsame Reflexion statt (15 Minuten).

- **Wir beraten Eltern und unterstützen ihre Kompetenzen.**
  1. Wir informieren über Beratungsstellen, psychosoziale Dienste, Freizeitangebote, Schwimmkurse...
  2. Ein Forum stellen die Elternabende dar, ein weiteres die Infowand im Eingangsbereich. Die Infowand wird jeweils montags mit den neuesten Nachrichten versehen. Eine Mitarbeiterin ist für diese Aufgabe fest eingeteilt. Die Beratung über ein einzelnes Kind findet im Einzelgespräch statt.
  3. Für selbst organisierte Eltern- und Familienbegegnungen stellen wir die Räume zur Verfügung. Genutzt werden sollen vorrangig die Halle und der Rhythmikraum. Gruppenräume werden nur in Ausnahmefällen zur Verfügung gestellt.

- **Wir schaffen einen Rahmen zur Mitwirkung der Eltern und Familien.**
  1. Eltern werden in Projekte, welche die gesamte Einrichtung betreffen, einbezogen (Gartenumgestaltung, Streichen der Räume...)
  2. Wir fragen Eltern nach Beiträgen zu Festen (kochen, zaubern, Musik machen, tanzen...)

Diese Handlungsziele und Standards setzen eine positive Haltung zur Erziehungspartnerschaft voraus. Der bequeme Rückzug hinter ein Feindbild „Eltern" ist überholt und, falls doch noch vorhanden, schnellstens veränderungsbedürftig. Die konstruktive Zusammenarbeit bedarf des Mutes, sich mit den Eltern zusammenzusetzen, Kritik sowohl anzunehmen als auch zu äußern, um in der Konsequenz gemeinsam mit den Eltern zu überlegen, wie die Zusammenarbeit praktisch gestaltet werden soll und welche Standards sich daraus ergeben.

Im Weiteren ist es Ihre Aufgabe, Richtungsziele, Handlungsziele und Standards für die Eltern- und Familienarbeit festzulegen. Vorgaben für diesen Arbeitsbereich erhalten Sie aus Ihrem Leitbild und der Ermittlung der Kundenbedürfnisse.

Methode: Stellen Sie sich die Frage „Welche Ziele wollen wir für die ‚Eltern- und Familienarbeit' unter Einbezug der bisher im QM-Prozess erarbeiteten Ergebnisse aufstellen?" Wenden Sie die Kartenmethode an: Jedes Teammitglied erhält eine bestimmte Anzahl Karten – je größer das Team, desto geringer die Anzahl – und schreibt auf jede Karte ein Ziel. Nachdem Sie alle Karten wieder eingesammelt haben, ordnen Sie diese in vorläufige Richtungs- und Handlungsziele. Anschließend vergegenwärtigen Sie sich die Lebensbedingungen der Familien und prüfen, ob sie in die Zielsetzungen einbezogen wurden (s. auch Arbeitsbereich Netzwerk- oder gemeinwesenorientierte Arbeit, S. 126).
Sie können die Eltern auch aktiv an der Zielfindung beteiligen. Wenden Sie dieselbe Methode an einem Elternabend an. Dabei kommen die Erwartungen der Eltern bezüglich der Zusammenarbeit mit den Eltern zum Ausdruck. Indem Sie diese mit Ihren Ergebnissen abgleichen, entstehen aus den vorläufigen Zielen für die Eltern- und Familienarbeit die gültigen Ziele.
Anschließend werden die Standards festgelegt. In den Standards beschreiben Sie, wie die Zusammenarbeit mit den Eltern ausgeführt wird, d. h. in welcher Form was, in welcher Häufigkeit stattfindet.

Arbeitsbereich Netzwerk- oder gemeinwesenorientierte Arbeit

Mögliche Unterpunkte:

Individuelle Beratung und Unterstützung
Vernetzung und Kooperation mit anderen Einrichtungen
Beitrag zur Gestaltung des Gemeinwesens
Zielgerichtete Arbeit mit Kindern im Gemeinwesen
Wahrnehmung politischer Anwaltsfunktion

Im 10. Kinder- und Jugendbericht wird als eine von drei Grundorientierungen in der Kindertagesstättenarbeit die Gemeinwesenorientierung vorgegeben.

Was bedeutet gemeinwesenorientiertes Arbeiten in Kitas? Unter „Gemeinwesen" verstehen wir das Wohngebiet der Kinder und Familien, mit allen Bedingungen und Faktoren, die auf ihr Leben Einfluss haben, sowie das Gebiet, in dem sich Ihre Einrichtung befindet. Eine Orientierung am Gemeinwesen bedeutet dementsprechend die Ausrichtung der Arbeit an der Situation im Gemeinwesen und den dort lebenden Menschen. Die Kindertagesstätte versteht sich als aktiver Bestandteil des Gemeinwesens.

Deutlich wird die Notwendigkeit einer solchen Orientierung, wenn unterschiedliche Wohngebiete betrachtet werden: Kinder, die in einem gewachsenen Dorf wohnen und deren Eltern bereits aus der Umgebung stammen, haben die Erfahrung von Mobilität noch nicht gemacht. Kinder, die in städtischen Vierteln aufwachsen, kennen die Erreichbarkeit und Gestaltbarkeit natürlicher Spielräume nicht. Kinder, die unter Armutsbedingungen aufwachsen, erleben direkt oder indirekt über die Eltern Stigmatisierung von außen, erleben Armut als Verhinderung von Zugangschancen zu gesellschaftlichen Prozessen (vgl. Definition von „Armut" nach dem Paritätischen Wohlfahrtsverband). Welche Lebensbedingungen auch immer gelten – jede Einrichtung liegt in einem spezifischen Umfeld, welches das Leben der Kinder und ihrer Familien in mehr oder minder großem Maße bestimmt. Es gilt daher, die Besonderheiten des Gemeinwesens festzustellen und in die Arbeit einfließen zu lassen.

Methode: Stellen Sie sich die Leitfrage: „Was zeichnet das Gemeinwesen, in dem sich unsere Einrichtung befindet, aus?" Zur Beantwortung dieser Frage können Sie Kontakt mit dem Allgemeinen Sozialen Dienst (ASD) Ihrer Kommune aufnehmen oder Fakten von den Kirchengemeinden erhalten. In städtischen Gebieten gibt es in manchen Stadtteilen so genannte Stadtteilbüros o. Ä., die mit Zahlenmaterial bezüglich der Bevölkerungsstruktur aufwarten können. Außerdem kann hier natürlich auch Ihre eigene Erfahrung zum Tragen kommen.

Fotokopieren Sie Ihr Gemeinwesen aus einem Stadtplan heraus und vergrößern Sie den Ausschnitt. Alternativ können Sie das Quartier auch selbst aufzeichnen. Sammeln Sie nun im Team zur Leitfrage mittels eines Brainstormings alle Ihnen bekannten Aspekte des Gemeinwesens. Dafür geben Sie maximal 15 Minuten Zeit. Anschließend ordnen Sie die gesammelten Punkte in folgende Kategorien ein: Bevölkerungsstruktur (Alterszusammensetzung, Einkommenssituation, Anteil ausländischer Mitbürger...), soziale Einrichtungen im Gemeinwesen, nachbarschaftliche Begegnungsmöglichkeiten, Orte für Kinder, Verkehrssituation usw.

Die gesammelten Aspekte und die örtliche Lage Ihrer Einrichtung tragen Sie nun in die Karte ein. Lassen Sie dabei Ihre Kreativität spielen. Zeichnen Sie wichtige Beziehungen oder Kooperationen mit anderen Institutionen mit Pfeilen ein, markieren Sie bedeutende Wege, heben Sie die Wohnorte der Kinder gesondert hervor...

Sie haben nun eine Karte des Gemeinwesens mit den für Ihre Arbeit wichtigen Punkten erstellt und sich dabei Kenntnis

über die Bevölkerungsstruktur, sozioökonomische und soziale Besonderheiten, weitere Einrichtungen und Möglichkeiten jeglicher Art für Familien und sonstige Bewohner des Gemeinwesens verschafft. Diese Übersicht stellt die Grundlage für die gemeinwesen-orientierte Arbeit Ihrer Kindertagesstätte, für weitere Überlegungen und für die Ermittlung der Aufgaben dar. Die Übersichtskarte ist Bestandteil des Handbuchs.

Welche Aufgaben beinhaltet die am Gemeinwesen orientierte Arbeit?

1 Individuelle Beratung und Unterstützung

Sind wir jetzt auch noch Sozialarbeiter? Mit Sicherheit nicht! Sie brauchen nicht auf jede Frage gleich eine Antwort parat haben. Doch sollten Sie wissen, wo sich Familien in einer Notlage hinwenden können und diesen eventuell bereits eine erste Ansprechperson nennen können. Anhand der erstellten Karte können Sie Institutionen, Organisationen, öffentliche Einrichtungen usw. (s. auch Punkt 2) in unmittelbarer Umgebung benennen, an die sich z. B. neu hinzugezogene Familien wenden können.

2 Vernetzung und Kooperation mit anderen Einrichtungen

In Ihrer Karte finden Sie weitere soziale Einrichtungen des Gemeinwesens. Das können die Pfarrgemeinde sein, der Abenteuerspielplatz, das Stadtteilbüro, die Erziehungsberatungsstelle, das kommunale Amt für Anträge jeglicher Art usw. Mit manchen Einrichtungen wird bereits zusammengearbeitet, bei manchen besteht Informationsbedarf, welches Leistungsangebot vorliegt. Planen Sie AG-Nachmittage oder Teambesprechungen ein und suchen Sie die Institutionen auf. Oder initiieren Sie „Runde Tische" bzw. Stadtteilkonferenzen, an denen alle wichtigen Institutionen oder auch Einzelpersonen des Wohngebietes teilnehmen. Aufgaben solcher Veranstaltungen können die Abstimmung der einzelnen Aufgabenfelder und die Selbstdarstellung in der Öffentlichkeit sein. Oder im Gemeinwesen liegen dringende Probleme vor, die gemeinsam angegangen werden sollen. Je besser Ihre Kenntnis vom Angebot anderer Einrichtungen ist, desto eher können Sie deren Kräfte nutzen und z. B. Eltern weitervermitteln.

3 Beitrag zur Gestaltung des Gemeinwesens

Ihre Einrichtung hat wochentags z. B. von 7.30 bis 17.00 Uhr geöffnet. Zu den anderen Zeiten steht sie leer. Die Fraueninitiative sucht für ihre wöchentlichen Besprechungsabende noch einen Raum. Oder ist es die neugegründete Männergruppe? Und wo findet die Konfirmationsfeier von Laura statt? Kurz gesagt: Sie haben die Räume – bieten Sie diese an! Ganz selbstlos muss es ja nicht sein; ein Unkostenbeitrag unterstützt Ihre Ausflugskasse.

Sie planen einen Flohmarkt? Bündeln Sie die Kräfte und gestalten Sie die Aktion gemeinsam mit der Erziehungsberatungsstelle oder dem Nachbarschaftstreff. Und gerät der Markt groß genug, kommt auch der ortsansässige Metzger mit seinem Imbiss-Stand. Die Möglichkeiten sind vielfältig. Öffnen Sie Ihre Einrichtung also nach außen!

4 Zielgerichtete Arbeit mit Kindern im Gemeinwesen

Die alljährliche Weihnachtsfeier im Seniorenwohnheim steht wieder an. Sie wissen auch um die isolierte Situation der älteren Menschen. Das geplante Theaterstück mit den Kindern ist schon im Kasten. Warum sollte es nicht zweimal aufgeführt werden? Die Kinder sind mit Begeisterung bei der Sache. Es kann daher gar nicht häufig genug zur Aufführung kommen.

Auf einen zusätzlichen öffentlichen Spielplatz im Quartier warten die Kinder und Sie schon lange. Zumal Zusagen der Stadtverwaltung bereits seit längerer Zeit vorliegen. So nehmen Sie am anstehenden Fastnachtsumzug teil oder haben einen Infostand auf dem Wochenmarkt. Alle Kinder tragen lange Bärte und ein Transparent mit der Aufschrift: „Vom Warten auf den Spielplatz sind uns schon lange Bärte gewachsen!"

Auch hier gibt es zahlreiche Möglichkeiten. Wichtig ist es aber, die Kinder nicht vor einen fremden Karren zu spannen, sondern mit ihnen ihre Interessen zu realisieren.

5 Wahrnehmung politischer Anwaltsfunktion

Der Gemeinderat hat den Bau des neuen Spielplatzes schon wieder verschoben. Oder bereitet Ihnen die Straße, die das Gebiet in zwei Hälften teilt, Unbehagen? Ein einziger Zebrastreifen sichert nur unzureichend den Weg der Kinder zur Kindertagesstätte von der gegenüberliegenden Straßenseite. Nutzen Sie Ihre Möglichkeiten der politischen Einflussnahme. Schließen Sie sich mit anderen betroffenen Gruppen oder Einrichtungen zusammen. Setzen Sie ein Schreiben an den Gemeinderat auf oder laden Sie verantwortliche Kommunalpolitiker in die Einrichtung ein. Oder besteht die Möglichkeit zur regelmäßigen Mitarbeit in dem entscheidenden politischen Gremium, wie z. B. dem Kinder- und Jugendhilfeausschuss?

Die Erarbeitung von Zielen und Standards erfolgt nach dem üblichen Ablauf: Sie setzen die Prioritäten entsprechend der Bedeutung bestimmter Aufgaben für Ihre Einrichtung. Anschließend erarbeiten Sie Handlungsziele und leiten aus diesen die Standards ab. Je nach Aufgabenart weisen die Standards keine festgelegten und wiederkehrenden Zeiten auf, sondern grundsätzliche Vorgehensweisen. So werden Sie sich beispielsweise nicht mehr für die Errichtung eines neuen Spielplatzes einsetzen, wenn der Beschluss dafür vorliegt. Aber Sie werden sich vielleicht weiterhin für dieses Projekt engagieren und die Berücksichtigung der Ideen der Kinder und die Mitgestaltung von Seiten der Kita einfordern.

Arbeitsbereich Öffentlichkeitsarbeit

Mögliche Unterpunkte:

Präsenz in den lokalen Medien und in den Fachmedien
Konzeption der Einrichtung und Qualitätshandbuch
Transparenz der Arbeit im Alltag
Vertretung der Einrichtung im Gemeinwesen

Öffentlichkeitsarbeit ist als eigenständiger Arbeitsbereich ausgewiesen, da ein zentrales Merkmal von Qualität deren Transparenz ist. Und hinsichtlich zurückgehender Kinderzahlen und freibleibender Plätze besteht ein weiterer wichtiger Grund für die starke Gewichtung von Öffentlichkeitsarbeit in der Konkurrenz zwischen einzelnen Einrichtungen um Kunden.

Unter Öffentlichkeitsarbeit verstehen wir die Darstellung der Einrichtung und der darin geleisteten Arbeit in der Öffentlichkeit, frei nach dem Motto „Tue Gutes und rede darüber!"

Was heißt „Öffentlichkeitsarbeit"?

131

Im Rahmen der Öffentlichkeitsarbeit ist an vier Bereiche zu denken:

1 Präsenz in den lokalen Medien und in den Fachmedien

Sie berichten über einzelne Aktionen und verfassen einen eigenen Bericht. Diesen senden Sie mit Foto an die Lokalpresse. Es hat zwei Vorteile, die Berichte selbst zu schreiben: Zum einen steigt die Chance, dass der Artikel in der Zeitung erscheint, da oftmals aus zeitlichen Gründen kein eigenes Redaktionsmitglied geschickt werden kann. Zum anderen wissen Sie genau, was geschrieben wurde, und welche Informationen Ihr Haus verlassen haben. Damit ist die Grundlage dafür geschaffen, dass korrekt über Ihre Kita geschrieben wird.

2 Konzeption der Einrichtung und Qualitätshandbuch

Konzeption und QM-Handbuch sind die beiden grundlegenden Möglichkeiten, die eigene Arbeit ausführlich darzustellen. Die Erstellung einer solchen schriftlichen Form erfordert Zeit, Einsatz und Engagement. Deshalb ist für die Präsentation ein angemessener Rahmen zu wählen. Denkbar wäre z. B. ein „Tag der offenen Tür".

3 Transparenz der Arbeit im Alltag

Sie stellen an der Infowand oder im Eingangsbereich in einer Übersicht die Termine und Aktionen der kommenden und der vergangenen Woche dar. Die Vorschau dient den Eltern als Orientierung, wann Ausflüge stattfinden oder die Kinder kein Pausenbrot benötigen, weil eine Geburtstagsfeier ansteht. Im Rückblick erfahren die Eltern, was die Kinder unabhängig von der Planung erlebt haben.
Eine gute Möglichkeit, Ihre Arbeit kurz und prägnant vorzustellen, ist die Form des Faltblatts. Hier finden Eltern und Interes-

sierte die wichtigsten Informationen über Ihre Einrichtung. Neben Platzzahl, Gruppengröße und Öffnungszeiten geben Sie hier Kernsätze aus dem Leitbild wieder und präsentieren sich mit einem Logo. Achten Sie auf eine anschauliche und ansprechende Darstellung, die Sie, bevor Sie mit dem Faltblatt an die Öffentlichkeit treten, von dritter Seite unbedingt überprüfen lassen sollten.

4 Vertretung der Einrichtung im Gemeinwesen

Eine Mitarbeiterin nimmt regelmäßig an Stadtteilgesprächen teil und vertritt dort die Anliegen Ihrer Kita, eine andere ist Ansprechpartnerin für den Bürgerverein oder die Elterninitiative im Stadtteil. Die Leitung wiederum stellt die Einrichtung in der Fachöffentlichkeit und in kommunalpolitischen Gremien dar.

Wie legen Sie die Ziele für die Öffentlichkeitsarbeit fest?

Methode: *Sie bestimmen Ihr Verständnis von Öffentlichkeitsarbeit, legen die Richtungs- und Handlungsziele, die Sie mit der Öffentlichkeitsarbeit anstreben, fest, und leiten aus den Zielen Ihre Standards ab (s. Abb. 12, S. 86).*

In unserem folgenden Beispiel einer fiktiven sechsgruppigen Einrichtung ist das Richtungsziel stichwortartig zusammengefasst und lautet: „Wir stellen die Arbeit und das Angebot unserer Einrichtung dar!" Daraus ergeben sich die beiden Handlungsziele:

- „Wir wollen mit einer gezielten Öffentlichkeitsarbeit im Stadtteil und darüber hinaus bekannt werden und auf diese Weise leerstehende Plätze füllen."
- „Wir wollen unsere Einrichtung und unsere Arbeit nachvollziehbar darstellen. Zielgruppen sind in erster Linie die Eltern und die lokalen Printmedien."

Für die Zielgruppe „Eltern" wurden folgende Standards aufgestellt:

- „Jede Gruppe ist für die Bekanntgabe wesentlicher Informationen selbst zuständig."
- „Wir informieren die Eltern über den Wochenverlauf. Dazu hängt an jeder Gruppentür (innen) eine Vorschau. Die Vorschau stellt mit knappen Worten die Planungen dar."
- „Wir informieren über zurückliegende Aktivitäten an der jeweiligen Gruppentür (außen). Nach Möglichkeit fügen wir Fotos hinzu."

Für den Bereich „lokale Printmedien" gelten weitere Standards:

- „Eine Pressegruppe ist für das Verfassen von Artikeln zuständig. Der Pressegruppe gehören drei Teammitglieder an."
- „Die Gruppe trifft sich nach Bedarf, jedoch mindestens alle drei Monate."
- „Um rasches Schreiben zu ermöglichen, übernimmt immer eine Person das Verfassen des jeweiligen Artikels, und die anderen beiden lesen Korrektur."
- „Es wird ein Presseverteiler aufgestellt, der die lokale Zeitung, die Fachzeitschriften und die Werbeblätter mit redaktionellem Anteil enthält."
- „Die Artikel werden grundsätzlich mit mindestens zwei Fotos versehen."
- „Über größere Projekte der Kita wird immer berichtet."
- „Bevor ein Artikel die Einrichtung verlässt, wird er im Team vorgelesen. Das Team prüft vor allem, ob der Bericht verständlich und sachlich richtig ist."

Abschließend sei hier angemerkt, dass nicht jede Einrichtung über die Kapazität verfügt, drei Kolleginnen mit gezielter Pressearbeit zu beauftragen. Bei kleineren Kitas ist an einen Zusammenschluss mit anderen Einrichtungen zu denken. Ziel der Öffentlichkeitsarbeit ist dann – aufgrund der Konkurrenzsituation – weniger das Belegen leerer Plätze, sondern die Schaffung einer allgemeinen Akzeptanz der Kita-Arbeit.

Arbeitsbereich Raumgestaltung

Mögliche Unterpunkte:

Bedeutung von Räumen
Funktionsecken und -räume
Partizipation an der Gestaltung

1 Bedeutung von Räumen

Die Bedeutung von Räumen ist groß: Räume schaffen Orientierung und Struktur. Die Gestaltung eines Raumes gibt Möglichkeiten des Lebens darin vor und zeugt gleichzeitig von dem stattfindenden Leben. In der Atmosphäre und den Möglichkeiten, die Ihre Räume bieten, kommen Ihre konzeptionellen Gedanken zum Ausdruck. Dabei zeigen bzw. verraten die Räume auch, ob Ihre Ideen gelebt werden (können) oder nur auf dem Papier stehen. Pädagogisches Konzept sowie Raumnutzung und -gestaltung bedingen einander. So wird eine Einrichtung, die den Kindern entsprechend ihres Leitbildes größtmögliche Geborgenheit zukommen lassen möchte, klare Gruppeneinteilungen bevorzugen. In einem Kinderhaus, das „Öffnung" im Leitbild verankert hat, wird dagegen eher mit offenen Raumformen gearbeitet werden.

**Raum-
konzeption**

2 Funktionsecken und -räume

Nun gibt es nicht den idealen Raum. Im Laufe der Zeit sind unterschiedliche Konzepte ausprobiert worden. Zunächst wurden in den einzelnen Gruppen Funktionsecken eingerichtet. Mittlerweile wird verstärkt gruppenübergreifend gearbeitet. Das heißt, es findet in den einzelnen Räumen nicht mehr alles statt, sondern es werden Schwerpunkte gesetzt: Aus den Funktionsecken wurden Funktionsräume. Funktionsräume haben u. a. folgenden großen Vorteil: Die Kinder können ihre unterschiedlichen Bedürfnisse verwirklichen, ohne die anderen Gruppenmitglieder zu stören. Im Bewegungsraum können Laura, Max und Sarah nach Herzenslust toben und mit den Matten und Kisten einen Sprungturm bauen, während sich Karla und Paul im Kuschelraum Geschichten erzählen. Weiter kann es dann noch die Werkstatt geben, die Küche, den Mal- und Wasserraum, den Theaterraum, die Baustelle usw. Intention ist und bleibt, trotz des in der Regel eng bemessenen Platzes, den Kindern reichlich räumliche Möglichkeiten für ihre unterschiedlichen Bedürfnisse zur Verfügung zu stellen.

3 Partizipation an der Gestaltung

Was ist bei der (Neu-) Gestaltung von Räumen zu beachten?

Grundsätzlich erfordert die Einrichtung von Räumen viele Gespräche mit den Kindern und sorgfältige Beobachtung, um die Bedürfnisse der Kinder zu ermitteln und die Gestaltung entsprechend vornehmen zu können. Ihre Aufgabe besteht darin, mit den Kindern eine Ausgewogenheit von Offenheit und Geborgenheit, Begegnung und Rückzug, Gemeinschaft und Individuum, Aktivität und Ruhe herzustellen. Sie benötigen für die Arbeit in Funktionsräumen – neben dem Mut – auch ein Konzept zum gruppenübergreifenden Arbeiten. Ebenso darf Ihnen nicht die Luft ausgehen, wenn es um erneute Veränderungen geht, sofern ein Raum nicht mehr den

Bedürfnissen der Kinder entspricht. Ihre Räume sollen nicht starr sein, sondern wandelbar bleiben.

Die Kinder sind an der grundlegenden Gestaltung der Räume zu beteiligen. Zunächst sind die Bedürfnisse der Kinder zu erfragen. Erst im Anschluss daran werden die Räume (neu) gestaltet. Beim umgekehrten Vorgehen, also zunächst zu fragen, wie denn die Räume gestaltet werden könnten, besteht die Gefahr einer vorherigen Festlegung. Die Bedürfnisse der Kinder müssten dann den vorhandenen Funktionsräumen angepasst werden.

Die Kinder sind auch an der alltäglichen Gestaltung zu beteiligen und erhalten die Möglichkeit der täglichen Neugestaltung. Sie bekommen zu diesem Zweck freien Zugang zum Material. Es sind Podeste, Kissen und Decken vorhanden. Erbautes kann stehen gelassen werden und fällt nicht irgendwelchen Putzzwängen zum Opfer. Hier bedarf es gemeinsam aufgestellter Regeln, damit alle im Raum lebenden Personen ihre Vorhaben realisieren können.

Soweit Grundsätzliches zum Thema „Räume" und „Raumgestaltung". Nun ist es wiederum an Ihnen, die nächsten Schritte selbstständig zu erarbeiten. Entsprechend unserer Vorgehensweise ermitteln Sie zunächst die Richtungsziele, leiten daraus Handlungsziele und im weiteren Schritt Standards ab.

Methode: Als Erstes ermitteln Sie durch Fragen und Reflexion die Bedürfnisse der Kinder. So ist z. B. in den nächsten Kinderkonferenzen die Raumgestaltung Thema. Sie arbeiten mit der Leitfrage: „Was wollt ihr in unserer Kita alles machen können?" Die von Ihnen wahrgenommenen Bedürfnisse erarbeiten Sie anhand der Frage: „Welche Bedürfnisse haben unsere Kinder hinsichtlich der Räume?" Die Ergebnisse tauschen Sie in der nächsten Teamsitzung aus.

Im weiteren Vorgehen erstellen Sie einen Grundriss Ihrer Einrichtung. Achten Sie darauf, dass alle Räume darin verzeichnet sind. Auch das Außengelände und die Wasch- und Materialräume gehören dazu. Alternativ können Sie Ihren Träger nach einem Grundriss fragen.

Als Nächstes erarbeiten Sie die Handlungsziele und Standards. Dann verorten Sie die Standards, d. h. Sie tragen diese in den Grundriss ein. In die Umsetzung der Standards beziehen Sie weitere Kräfte ein: Eltern, Hausmeister, Zivildienstleistende und auch Handwerker in der Umgebung wie Schreiner, Fliesenleger, Steinmetz u. v. m.

Ein weiterer Aspekt in der Umsetzung der Standards ist die klare personelle Zuteilung. Sie stellen sich im Team die Frage: „Wer arbeitet zukünftig in welchem Bereich?" Auch dieses Ergebnis tragen Sie in Ihren Grundriss ein. Abschließend heften Sie den Grundriss im Handbuch ab und hängen ihn als vergrößerte Kopie im Teamzimmer auf. Die Eltern haben Sie bereits im Vorfeld über Ihr Vorgehen informiert. Das Ergebnis stellen Sie nun an einem Elternabend vor.

Arbeitsbereich Zusammenarbeit mit dem Träger

Mögliche Unterpunkte:

Gegenseitige Erwartungen, Kommunikationswege und Informationsfluss
Finanzplanung

Funktion des Trägers Der Träger einer Einrichtung hat maßgeblichen Einfluss auf die Arbeit in einer Kindertagesstätte, ganz gleich, ob es sich um einen sehr engagierten Träger handelt oder um einen, der sich soweit wie möglich aus den Belangen heraushält. Eingangs stellt sich daher die Frage, welche institutionelle Form der Träger hat, denn diese wirkt sich auf die Zusammenarbeit zwischen Träger und Einrichtung aus. Ist es die Stadt bzw. die Gemeinde, handelt es sich also um einen kommunalen Träger?

Ist es ein Wohlfahrtsverband, z. B. die AWO, der die Kita unterhält? Oder hat die Kirchengemeinde diese Funktion übernommen? Es ist ein Unterschied – und hierin sehen wir keine Wertung – ob die städtische Fachberatung oder der Pfarrer den Vorgesetzten und Arbeitgeber repräsentieren.

1 Gegenseitige Erwartungen, Kommunikationswege und Informationsfluss

Die Zusammenarbeit zwischen Träger und Einrichtung bedarf zur Vermeidung unnötiger Reibungsverluste klarer Regeln und eines klaren Auftrags des Trägers an die Einrichtung. Deshalb erarbeiten Sie mit dem Träger rechtzeitig die gegenseitigen Erwartungen, die Kommunikationswege und den Informationsfluss.

Methode zur Klärung gegenseitiger Erwartungen:
Das Team und der Träger formulieren jeder für sich die Erwartungen an die Einrichtung mit Hilfe eines Brainstormings. Die Antworten werden auf einem DIN A1-Bogen notiert und bei einem Treffen einander gegenübergestellt. Durch Bildung einer Schnittmenge aus den übereinstimmenden Punkten wird aus beiden Listen eine einzige Liste. Die nicht übereinstimmenden Aspekte müssen diskutiert und Kompromisse gefunden werden.

Welche Erwartungen hat ein Träger gegenüber „seiner" Kita?

Methode zur Festlegung der Kommunikationswege:
Bei der oben genannten Sammlung der gegenseitigen Erwartungen werden in der Regel auch Erwartungen bezüglich der Kommunikation zwischen Träger und Einrichtung genannt. Bilden Sie Kleingruppen aus Träger- und Teammitgliedern, die dazu jeweils Handlungsziele und Standards entwerfen sollen. Im Plenum werden die Ergebnisse präsentiert und diskutiert. Ermitteln Sie die relevanten Handlungsziele und Standards durch Punktewertung.

Methode zur Festlegung des Informationsflusses:
Durch Festlegung der Kommunikationswege wird automatisch der Informationsfluss angesprochen. Analysieren Sie gemeinsam, wie welche Information zu wem gelangen soll und erarbeiten Sie mit dem Träger entsprechende Standards.

Durch die gemeinsame Festlegung der gegenseitigen Erwartungen, der Kommunikationswege und des Informationsflusses wird es in Zukunft diesbezüglich keine Missverständnisse mehr geben. Der Pfarrer schneit nicht mehr in die Einrichtung, um mal kurz mit der Leiterin etwas zu besprechen, sondern kommt zum vereinbarten Termin. Die Leiterin weiß in Zukunft genau, wer welche Information benötigt und bei welchen Sitzungen ihre Anwesenheit unbedingt erforderlich ist.

2 Finanzplanung

Notwendig sind auch regelmäßige Absprachen bezüglich der Finanzplanung und des laufenden Haushalts. Wer trägt die Verantwortung für welche Bereiche? Verfügt die Leitung der Einrichtung über ein Gesamtbudget einschließlich der Personalkosten, über ein reines Sachmittelbudget oder gibt es einen Maximalbetrag, über den frei entschieden werden kann, und alles andere bedarf der weiteren Absprache? Wie sorgt der Träger für eine hohe Kosteneffizienz, d. h. wie lässt sich unter Einsatz möglichst geringer Mittel ein den Bedürfnissen der Kinder und Eltern entsprechendes Angebot gestalten? Letztlich: Wie kooperieren Träger und Kita im finanziellen Bereich? Diese Überlegungen gelten insbesondere für die Durchführung eines QM-Prozesses. Der Träger muss im Vorfeld erklären, in welchem Rahmen er den QM-Prozess der Kita unterstützt. Nur gemeinsam mit dem Träger kann eine Qualitätsentwicklung stattfinden, da den Mitarbeiterinnen die finanziellen und zeitlichen Mittel zur Verfügung gestellt werden müssen.

Schritt 7: Überprüfung der Ziele und Standards

Die Erhebung von Zielen und Standards ist vollzogen. Der nun folgende siebte Schritt beinhaltet die Überprüfung der Ergebnisse. In diesem Schritt wird sich zeigen, welche Ziele und Standards tatsächlich in die Praxis umgesetzt wurden bzw. ob sie relevant für die Arbeit sind.

Im Folgenden beschreiben wir ausführlich fünf Prüfinstrumente, die sich in der Praxis bewährt haben. Einige Methoden eignen sich für die Überprüfung der Richtungs- und Handlungsziele, andere für die Überprüfung der Standards. Alle Ergebnisse der Überprüfung werden dokumentiert und im Qualitätshandbuch festgehalten. Die Überprüfungen finden regelmäßig in halbjährlichen Abständen statt – spätestens aber dann, wenn es Probleme oder Unsicherheiten im Alltag gibt.

1 Bewertungsskala

Eine Bewertungsskala wird zur Analyse und Bewertung eines gesamten Schwerpunkts eingesetzt. Sie haben zu einem Arbeitsbereich Richtungs- und Handlungsziele sowie Standards festgelegt. Mit der Bewertungsskala wird überprüft, ob die Ziele bzw. Standards in der Praxis erreicht wurden.

Beispiel: *Arbeitsbereich „Team": Im Schritt 6 haben wir zur Erhebung von Zielen und Standards eine fiktive Einrichtung herangezogen (s. Beispiel 2, S. 90). Die dort entwickelten Ziele und Standards werden nun einer Bewertung mittels einer Skala von 1 = Minimum bis 10 = Optimum unterzogen (s. Abb. 16):*

Abbildung 16: Bewertungsskala

Ziele und Standards	Bewertungsskala
Richtungsziele:	
„Wir arbeiten gerne in der Einrichtung."	1 2 3 4 5 6 7 8 9 10
„Wir akzeptieren uns gegenseitig mit unseren Stärken und Schwächen."	1 2 3 4 5 6 7 8 9 10
Handlungsziele:	
„Wir berücksichtigen gegenseitig die von uns gemachten fachlichen Äußerungen."	1 2 3 4 5 6 7 8 9 10
„Wir legen gemeinsam konzeptionelle Grundgedanken fest."	1 2 3 4 5 6 7 8 9 10
„In Entscheidungsprozesse wollen wir alle Meinungen einbeziehen."	1 2 3 4 5 6 7 8 9 10
Standards:	
„In Teambesprechungen wird die Kollegin nicht unterbrochen."	1 2 3 4 5 6 7 8 9 10
„Die Zeit für einen Beitrag beträgt maximal zwei Minuten – es sei denn, es handelt sich um ein Referat zu einem Thema."	1 2 3 4 5 6 7 8 9 10
„Bei wichtigen Themen wird durch gezieltes methodisches Vorgehen, wie z. B. Meta-Plan, die Meinung aller Beteiligten abgefragt."	1 2 3 4 5 6 7 8 9 10
„In Teamsitzungen wechselt die Moderation."	1 2 3 4 5 6 7 8 9 10
„Es gibt festgelegte Rituale zur Teamhygiene. Jeden Monat werden 5,00 DM in eine Kasse eingezahlt. Davon werden Geburtstagsgeschenke gekauft und beim Betriebsausflug Essen gegangen."	1 2 3 4 5 6 7 8 9 10

Jede Mitarbeiterin bewertet die Umsetzung einzelner Ziele und Standards, indem sie ihnen einen Wert auf der Skala zuordnet. Anschließend werden die Ergebnisse zusammengefasst und pro Ziel bzw. Standard ein Durchschnittswert berechnet.

Diese Durchschnittswerte werden auf einer Wandtafel visualisiert. Dabei wird deutlich, was bereits erreicht wurde und in der Praxis Bestand hat, und wo noch Verbesserungen vorgenommen werden müssen. Beispielsweise wird festgestellt, dass die Standards detaillierter beschrieben oder neue hinzugefügt werden müssen. Es können auch bestimmte Praxissituationen nochmals betrachtet werden, um zu analysieren, warum das Ziel nicht erreicht wurde. War das Ziel zu hoch gesteckt, muss es jetzt angepasst werden. Anschließend wird die weitere Vorgehensweise für die Erreichung der Ziele und Standards festgelegt.

2 Zielbewertungsmatrix

So wie Sie mit der Bewertungsskala die tatsächliche Umsetzung der Ziele und Standards überprüft haben, können Sie mit der Zielbewertungsmatrix die Frage beantworten: „Welche Wertigkeit (Wichtigkeit) hat ein bestimmtes Ziel bzw. ein bestimmter Standard für die Gestaltung eines qualitativ hochwertigen Kita-Alltags?" Nehmen wir an, es gibt in einem Arbeitsbereich Unklarheiten oder Differenzen darüber, welche der erarbeiteten Ziele in welcher Deutlichkeit umgesetzt werden sollen und welche Relevanz in Bezug auf die Qualität vorliegt. Die Zielbewertungsmatrix hilft dem Team, Klarheit und Transparenz über die Meinungen aller Beteiligten zu gewinnen. Jedes Teammitglied gibt den eigenen Standpunkt zu den einzelnen Zielen bzw. Standards ab (s. Abb. 17).

Die Bewertung eines Ziels/Standards mit Hilfe einer Zielbewertungsmatrix geschieht nach folgendem Muster:

1. Auflistung der Ziele/Standards in beliebiger Reihenfolge.
2. Jedes Teammitglied gibt jedem Ziel/Standard eine Bewertung zwischen +3 und -3.
3. Die Ergebnisse werden ausgestellt und besprochen.

Abbildung 17: Zielbewertungsmatrix

Ziele	A	B	C
1.			
2.			
3.			
usw.			

A, B, C = beteiligte Personen; 3 (+++) = sehr wichtig; 2 (++) = wichtig; 1 (+) = mäßig wichtig, 0 = gleichgültig; -1 (-) = nicht sehr geeignet; -2 (—) = ungeeignet; -3 (—) = völlig ungeeignet

Als Ergebnis der Abschlussdiskussion wird eine Übereinstimmung über die Wichtigkeit der Ziele bzw. Standards für die praktische Umsetzung anvisiert. An dieser Stelle besteht auch nochmals die Möglichkeit, Unklarheiten zu beseitigen.

Im folgenden Beispiel (s. Abb. 18) schätzten die Fachkräfte A, B und C zwei Ziele aus dem Bereich „Arbeit mit Kindern" unter der Fragestellung „Wie wichtig sind mir die genannten Ziele?" ein.

Abbildung 18: Beispiel eines Ergebnisses der Zielbewertung

Ziele	A	B	C
1. Die Kinder werden in die Raumgestaltung einbezogen.	++	++	+++
2. Die morgendliche Begrüßungs- und Empfangssituation erhält besonderes Gewicht.	+	0	—

Person A schätzt das Ziel 1 als wichtig ein. Die Fachkräfte B und C haben die gleiche bzw. eine ähnliche Einschätzung.
Ziel 2 bedarf der genaueren Erklärung: Die Mitarbeiterinnen sind unterschiedlicher Meinung darüber, was die Relevanz dieses Zieles betrifft. Es ist zu klären, warum die Bewertungen so deutlich differieren. Mögliche Ursachen könnten sein: Das Ziel lässt sich in der Realität so nicht erreichen oder das Ziel ist für die Praxis bzw. die angestrebte Qualität nicht von Bedeutung. Die Schlussfolgerung könnte lauten: Das Ziel 2 muss neu formuliert oder ersetzt werden.

Was sagt unser Beispiel aus?

3 Flussdiagramm

Im Flussdiagramm wird eine Vorgehensweise bildlich dargestellt, systematisch verfolgt und dabei Widersprüchlichkeiten oder Fehlverhalten aufgedeckt. Damit dient diese Methode der Schwachstellenanalyse. Im Flussdiagramm kann sowohl der tatsächliche Prozessverlauf dargestellt werden (Ist-Zustand, s. Abb. 20) als auch der optimale Verlauf (Soll-Zustand, s. Abb. 21). Folgende Symbole werden im Flussdiagramm verwendet (s. Abb. 19):

Abbildung 19: Symbole des Flussdiagramms

⬭	Prozessanfang und -ende
▭	Tätigkeit
◇	Frage (ja/nein)
⬭	Schnittstelle zwischen zwei Abläufen
▢	Dokument
→	Pfeil

Abbildung 20: Beispiel für die Analyse des Ist-Zustandes für die stattfindenden Kinderkonferenzen

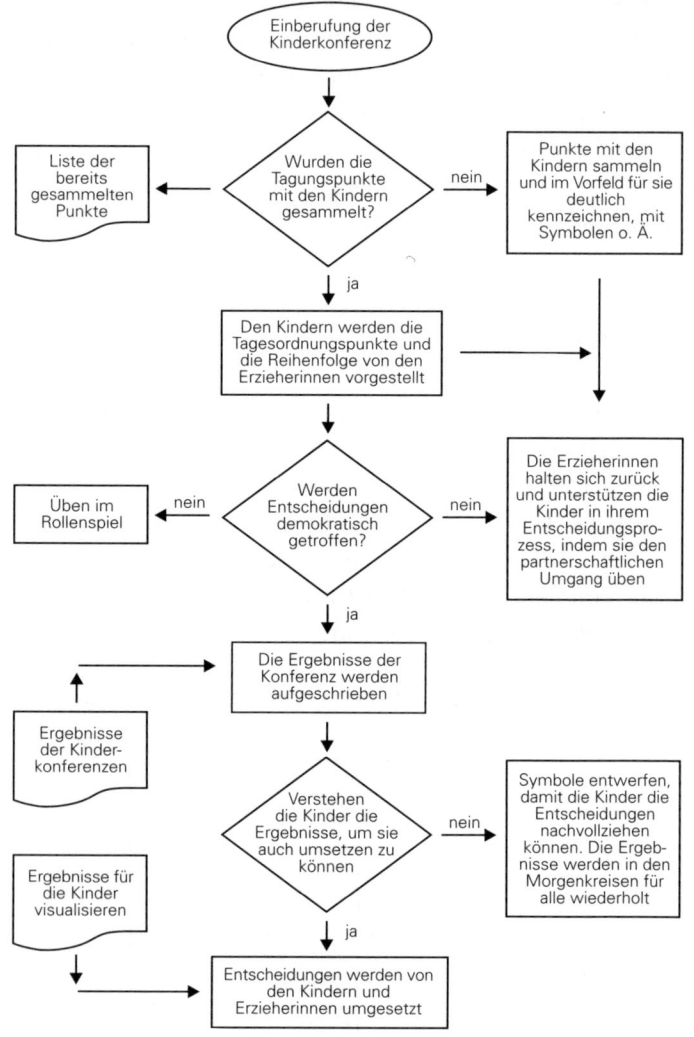

In diesem Flussdiagramm ist dargestellt, wie eine Kinderkonferenz tatsächlich verlief. Durch die Ist-Analyse wird deutlich, an welcher Stelle welche Abweichungen stattfanden. So wird mit einem Blick erkennbar, wo das Handeln zu überprüfen und gegebenenfalls zu verändern ist.

**Abbildung 21: Optimale Vorgehensweise am Beispiel
einer Platzanfrage**

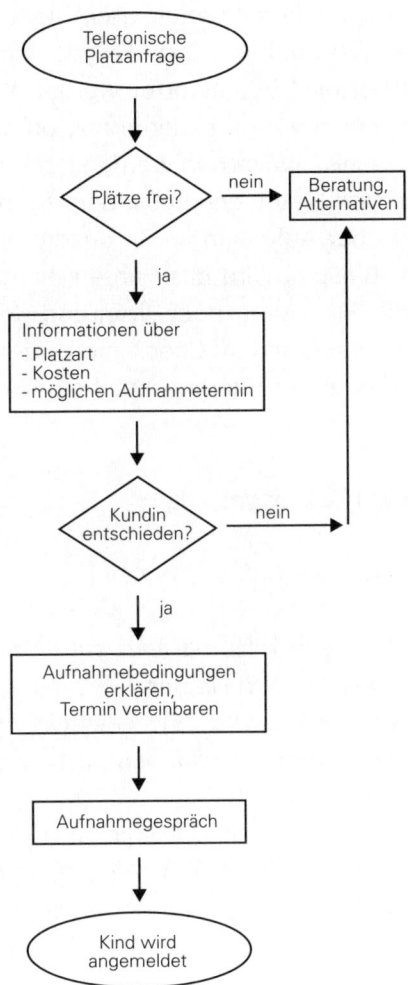

Im Unterschied zum vorherigen Flussdiagramm (s. Abb. 20) wird in diesem der Soll-Zustand wiedergegeben. Für die Platzanfrage ist damit festgelegt, wie die Anfrage nach einem freien Kindergartenplatz gehandhabt werden sollte. Hier ist das ideale Vorgehen festgehalten; Abweichungen können im Nachhinein festgestellt und in Zukunft vermieden werden.

4 Checkliste

Eine Checkliste dient der Qualitätssicherung. Mit diesem Instrument werden bereits erarbeitete Standards überprüft. Auf einer Checkliste befinden sich Fragen, die ausschließlich mit „Ja" oder „Nein" beantwortet werden können. Das „Wie" wird nicht beantwortet, sondern nur, ob die Standards in der Praxis tatsächlich vollzogen werden oder nicht.

Die Checkliste bietet sich besonders für die Überprüfung organisatorischer Aufgaben an. In unserem im Folgenden aufgeführten Beispiel wird das Führen eines Telefongesprächs dargestellt. Hier kann noch während des Gesprächs eine Überprüfung stattfinden. Checklisten eignen sich z. B. für die Durchführung eines Elterngesprächs oder einer Teamsitzung.

Beispiel: *Checkliste für ein Telefongespräch*

Grundsätzlich: Ich spreche freundlich und deutlich!

1. *Entgegennehmen des Gesprächs mit deutlicher Nennung des Namens der Einrichtung und des eigenen Namens.*
2. *Frage nach dem Grund des Anrufs: „Was kann ich für Sie tun?"*
3. *Kurznotiz anfertigen mit Namen, Telefonnummer und Grund des Anrufs.*
4. *Anrufer/Anruferin eventuell an eine Kollegin weiterleiten.*
5. *Zettel weiterreichen oder in das dafür vorgesehene Fach legen.*
6. *Gespräch beenden mit kurzer Zusammenfassung der Vereinbarungen.*

5 Critical Incidents (kritische Vorkommnisse)

Kritische Vorkommnisse werden unter dem Motto „Fehler sind dazu da, um daraus zu lernen" behandelt. Dabei werden Situationen, die besonders kritisch waren, nochmals eingehend betrachtet, indem das Vorkommnis zunächst aufgeschrieben wird.

Beispiel: *„Frau B. spricht nicht mehr mit mir, sie ignoriert mich gänzlich. So verhält sie sich, seit ich ihre Tochter nicht mit den anderen in den Garten gelassen habe, weil sie ihre Spielsachen nicht aufräumen wollte..."*

Dann liest die betroffene Person ihre Kurznotiz den Kolleginnen vor. Auf diese Weise kann die Situation gemeinsam analysiert und das Geschehen rekonstruiert werden („Was ist passiert und warum?") Anschließend wird die Situation mit der Zielsetzung und den Standards für diesen Bereich verglichen und Handlungsspielräume für die Kollegin in Bezug auf das Problem, in unserem Beispiel für das Verhalten gegenüber Mutter und Kind, geschaffen.

Die Liste der Instrumente bzw. Methoden zur Überprüfung der Ziele und Standards könnte beliebig weitergeführt werden (z. B. Reflexion, Prioritätensetzung durch punkten). Wir verweisen in Seminaren und Schulungen auf die so genannten Qualitätszirkel. Ein Qualitätszirkel stellt eine Untergruppe von Teammitgliedern auf gleicher hierarchischer Ebene dar. Unter Zuhilfenahme geeigneter Methoden werden konkrete Problemlösungen für bestimmte Bereiche erarbeitet. Da die meisten Kitas mit einem eher kleinen Team arbeiten, stellt dieses bereits den Qualitätszirkel dar. In größeren Einrichtungen wäre es denkbar, dass sich beispielsweise jeweils eine oder zwei Erzieherinnen pro Gruppe treffen, um an einem bestimmten Thema zu arbeiten.

Schritt 8: Sichten und ordnen des Qualitätshandbuchs

Mit dem achten Schritt verlassen Sie die Ebene der Prozessqualität und betreten die Ebene der Ergebnisqualität. Nachdem Sie bereits alle vorhergehenden Schritte des QM-Prozesses im QM-Handbuch schriftlich fixiert und abgeheftet haben (wie z. B. Leitbild, Ziele und Standards), sichten und ordnen Sie nun Ihre Ergebnisse, insbesondere im Hinblick auf Systematik und Vollständigkeit, so dass auch für Außenstehende (Eltern, neue Erzieherinnen, Träger, Auditoren usw.) transparent wird, wie in der Kita gearbeitet wird (vgl. auch Schritt 6, Arbeitsbereich Öffentlichkeitsarbeit, S. 131).

An dieser Stelle zitieren wir aus dem „Leitfaden für die Erstellung von Qualitätshandbüchern" nach DIN EN ISO 9000: „Das Qualitätshandbuch ist ein Dokument, das die Qualitätspolitik, das Qualitätssicherungssystem und die qualitätsrelevanten Vorgehensweisen einer Organisation darlegt." Das bedeutet, dass im Qualitätshandbuch die grundsätzliche Einstellung des Managements sowie seine Absichten und Maßnahmen zur Sicherung und Verbesserung der Qualität im Unternehmen dokumentiert werden. Das Qualitätshandbuch ist das wichtigste Instrument zur Verwirklichung und Aufrechterhaltung des Qualitätsmanagementprozesses und umfasst die Beschreibung der Aufbau- und Ablauforganisation. Es liefert einen zentralen Beitrag zur Klarheit der Unternehmensorganisation und muss auf Richtigkeit und Aktualität hin ausgelegt sein. Seine Ausgestaltung ist der Einrichtung freigestellt (vgl. Bobzien et al., 1996, Kronberger Kreis, 1998, Pepels, 1998).

Was wird mit einem QM-Handbuch bezweckt?

Folgende Struktur empfiehlt die DIN:

- Teil I macht Angaben zur Organisation, zum Gebrauch, zur Pflege, zum Aufbau und zur Struktur des Handbuchs, gibt Begriffserläuterungen sowie Erklärungen zur Qualitätspolitik.
- Teil II enthält die Ausführungen zu den Qualitätssicherungs-Elementen, die für das Unternehmen von Bedeutung sind.
- Teil III organisiert die Anlagen, wie Verfahrensanweisungen zu den Elementen, Arbeitsanweisungen, Formblätter, Belege, geltende Dokumente usw. Teil III ist ausschließlich für den internen Gebrauch.

Das Handbuch hat die Funktion eines Nachschlagewerks und ist ein „lebendes" Dokument. Es ist zweckmäßig, das Buch als lose Blattsammlung anzulegen, damit es immer wieder ergänzt werden kann. Am Anfang legen Sie eine aktuelle

Wie legen Sie in Ihrer Kita das Handbuch an?

Inhaltsangabe mit Stichwortverzeichnis an. Die Ordnung des Qualitätshandbuchs ist an den neun Schritten orientiert:

- Ergebnisse der Information der Mitarbeiterinnen: Darstellung des Gesamtprozesses in der Übertragung auf Ihre Einrichtung (Schritt 1),
- Beschreibung der Verantwortungsbereiche und Aufgaben (Schritt 2),
- Darstellung der Struktur und der Ressourcen (Ist-Zustand, Schritt 3),
- Ergebnisse der ermittelten Kundenbedürfnisse (Schritt 4),
- Beschreibung des Leitbildes und der festgelegten Qualitätspolitik (Schritt 5),
- Beschreibung der Richtungs- und Handlungsziele und der daraus entwickelten Standards in den verschiedenen Bereichen; die Arbeitsbereiche sind extra zu unterteilen (Schritt 6),
- Dokumentation der Überprüfung der Standards durch ausgewählte Instrumente (Schritt 7),
- Festlegung, von wem, wie oft und auf welche Weise das Qualitätshandbuch geführt wird (Schritt 8),
- Dokumentation der Audits (Schritt 9),
- Anhang: Formblätter und Kopiervorlagen (Beobachtungsbögen, Berichtswesen, Statistiken...)

Die ausgeführten Überprüfungen heften Sie zur bisherigen Version dazu (s. Schritte 7 und 9). Jedes schriftlich dokumentierte Ergebnis ergänzen Sie im unteren Abschnitt um einen Vermerk, der aussagt,

- von wem das Ergebnis erarbeitet wurde,
- von wem die Textversion stammt,
- welche Nummer die Version hat (abhängig von der Anzahl der Überprüfungen),
- wann die Version erstellt wurde und
- wie viele Seiten sie umfasst.

Denkbar ist eine Tabelle, die folgendermaßen aussehen könnte (s. Abb. 22):

Abbildung 22: Prüfvermerk

Erarbeitet von	Textversion von	Version Nr.	Datum	Seite
Team	Mitarbeiterin X	2	02. 05. 2000	1 von 2

Sollte aufgrund zunehmenden Umfangs eine Unterteilung notwendig sein, hat es sich bewährt, in einem ersten Ordner die jeweiligen Aufgaben der Fachkräfte, den Ist-Zustand, die Kundenbedürfnisse und die Qualitätspolitik abzuheften. Dabei handelt es sich um übergreifende Inhalte für die Kita. Im zweiten Ordner sind die Arbeitsbereiche mit den Überprüfungen zu finden. Einen dritten Ordner empfehlen wir für die Audits. Je gezielter der Zugriff auf Informationen und ihr schnelles Auffinden möglich ist, desto höher sind Gebrauchswert und Akzeptanz des Handbuchs!

Warum soll ein Qualitätshandbuch angelegt werden?

- Durch das Handbuch wird die geleistete Arbeit transparent.
- Neuen Mitarbeiterinnen wird die Einarbeitung erleichtert. So kann z. B. bei einer Einstellung die neue Mitarbeiterin durch das Handbuch sofort über ihr Tätigkeitsfeld informiert und eingearbeitet werden.
- Arbeitsabläufe werden dargelegt und garantieren eine einheitliche Handhabung.
- Verbindlichkeit wird hergestellt und pädagogische Abläufe werden fachkompetent und nicht aus dem „hohlen Bauch" heraus vollzogen.
- Die Dokumentation bietet soviel Sicherheit wie nötig und soviel Flexibilität wie möglich.
- Schwachstellen des QM-Prozesses können geortet und verbessert werden.

Schritt 9: Verbesserungsgespräche – interne und externe Audits

Was sind Audits? Audits bilden den neunten und letzten Schritt des Qualitätsmanagementprozesses und dienen der Überprüfung des gesamten Prozesses. Denn nichts ist so gut, als dass es nicht noch verbessert werden könnte. Damit bleiben wir im Prozess und legen die Ergebnisse nicht einfach ad acta. Frei nach Herbert Grönemeyer: „Stillstand ist der Tod – Du kannst nur gewinnen!" Stillstand wäre tatsächlich tödlich für die Entwicklung von Qualität. Der Gewinn besteht in der lernenden, sich immer weiter entwickelnden Organisation. Als Instrument zur Fortführung, Verbesserung und Anpassung des Prozesses an veränderte Bedingungen dient das Audit bzw. das Verbesserungsgespräch.

„Ein Audit ist eine systematische und unabhängige Untersuchung, um festzustellen, ob die qualitätsbezogenen Tätigkeiten und die damit zusammenhängenden Ergebnisse den geplanten Anordnungen entsprechen und ob diese Anordnungen wirkungsvoll verwirklicht und geeignet sind, die Ziele zu erreichen" (DIN EN ISO 8402).

Wer ist ein „Auditor"? In direkter Übersetzung bedeutet der Begriff „audit" (lat.) „Zuhörer", in der Praxis ist es der Prüfer Ihres Prozesses.

Die Prüfung wird anberaumt, nachdem der QM-Prozess vollständig, also von Schritt eins bis acht, durchlaufen wurde. Hauptaugenmerk gilt zum einen der Wirksamkeit und Umsetzung des gesamten Prozesses. Zum anderen wird kontrolliert, ob die einzelnen Standards einer qualitativ hochwertigen Gestaltung der gesamten Kita-Leistungen dienen und in direktem Zusammenhang mit den Zielen, dem Leitbild und den Bedürfnissen der Kinder und Familien stehen. QM-Prozesse sollten regelmäßig überprüft werden um festzustellen, ob sie tatsächlich so, wie sie geregelt sind, ablaufen oder ob sie noch verbessert werden können. Es kann sich dabei herausstellen, dass Prozesse aufgrund veränderter Bedingungen neu vereinbart werden müssen. Regelmäßig heißt, dass auf jeden Fall einmal im Jahr ein Audit stattfinden sollte. Es kann aber auch zusätzlich aufgrund sich häufender kritischer Vorkommnisse ein Audit einberufen werden. Zur Überprüfung ziehen Sie die in Schritt 7 dargestellten Instrumente heran. Interne Audits werden gegebenenfalls von einer bestimmten verantwortlichen Mitarbeiterin durchgeführt, die sich in einer Fortbildung dafür qualifiziert hat. Die DIN EN ISO fordert eine unabhängige Person, d. h. „Personal, welches keine direkte Verantwortung für die zu auditierende Tätigkeit trägt" (Brauer, 1997). In Ihre Einrichtung übertragen besagt dies, dass die Verantwortliche für den Funktionsbereich „Rollenspiel" nicht gleichzeitig als Auditorin für die Ziele und Standards dieses Bereichs auftreten kann. „Ein Qualitätsaudit ist ein Instrument, das innerhalb einer Einrichtung gut eingesetzt werden kann, da es den Kontrollaspekt (nicht den der Mitarbeiterin, sondern des Prozesses!) ideal mit der Idee der Reflexion und Verbesserung kombiniert. Ein internes Qualitätsaudit sollte deshalb von allen Beteiligten als Verbesserungsgespräch verstanden werden" (Bobzien et al., 1996).

Externe Audits ermöglichen der Einrichtung den wichtigen Blick und die Rückmeldung von außen. Sie können von Kolleginnen, die in einer anderen, aber zum selben Trägerverband gehörenden Kita arbeiten, durchgeführt werden. Der Gedanke, dass es sich bei der Auditorin um eine möglicherweise Ihnen bekannte Fachkollegin handelt, mag zunächst Befremden oder unangenehme Gefühle auslösen. Um diesen Bedenken zu begegnen, sind hier die Voraussetzungen eines solchen externen Audits angeführt:

- Die Auditorinnen sind im Vorfeld eigens für die Prüfungen zu schulen. Die Mittel und Möglichkeiten dafür sind von Seiten des Trägers bereitzustellen.

- Es geht, wie bereits betont, um eine Kontrolle der Standards und Ziele und nicht um eine Bewertung einzelner Mitarbeiterinnen.

Ebenso könnte, und dies ist wiederum Aufgabe des Trägers, ein externer Auditor gefragt werden.

Externe Prüfungen können auch im Rahmen eines Zertifizierungsaudits durch eine unabhängige Institution wie dem TÜV oder der DGQ (Deutsche Gesellschaft für Qualität) durchgeführt werden. Bisher hat sich die Zertifizierung im Kita-Bereich noch nicht durchgesetzt.

Was ist bei der Durchführung eines Audits zu tun?

1 Festlegung, wer das Audit durchführt, sei es die Leitung, eine Mitarbeiterin oder ein externer Trainer für den QM-Prozess.

2 Festlegung der methodischen Vorgehensweise von Audits.

3 Festlegung des Zeitpunkts der Durchführung.

4 Dokumentation der Ergebnisse (Auditbericht).

5 Weiterleitung der Ergebnisse an alle relevanten Personen, wie z. B. gesamtes Team, Träger, Finanzgeber usw.

6 Beseitigung der erkannten Fehler durch Korrekturmaßnahmen.

7 Überprüfung der Realisierung und Wirksamkeit der Maßnahmen in Folgeaudits sowie Dokumentation im Qualitätshandbuch.

Wie sehen mögliche methodische Vorgehensweisen aus?

Es gibt zwei Möglichkeiten zur Durchführung eines Audits:

1 Sie gehen den QM-Prozess Schritt für Schritt durch, um festzustellen, in welchen Phasen Unklarheiten oder Fehler bestehen.

2 Im Vorfeld wurde Ihnen bereits klar, dass in einem bestimmten Schritt oder Arbeitsbereich Korrekturmaßnahmen vorgenommen werden müssen.

Methode: Zu Beginn erarbeiten Sie eine verständliche Problembeschreibung, die genaue Informationen über Inhalt, Zeit, Ort und Ausmaß des Problems enthält. Jede Mitarbeiterin sollte das Problem klar verstanden haben. Die Problembeschreibung wird auf die rechte Seite eines großen Blatt Papiers (DIN A2) geschrieben. Als Nächstes werden Kategorien möglicher Ursachen festgelegt. Häufig findet die Einteilung der „vier Ms", „Menschen" (beteiligte Personen), „Methode" (Arbeitsweise), „Material" (Werkstoffe, verwendetes Material) und „Maschine" (Werkzeuge, Geräte, Mittel usw.), in der Praxis statt. Diese können noch durch „Milieu" (Arbeitsumfeld) ergänzt werden. Es können aber auch individuelle Lösungen gefunden werden. Die Kategorien werden dann auf dem Blatt Papier an Pfeilen notiert, die über einen Hauptpfeil auf das Problem zeigen. Auf diese Weise entsteht das Fischgräten- bzw. das Ursache-Wirkungs-Diagramm (s. Abb. 23).

Mit Hilfe von Brainstorming ermitteln Sie denkbare Ursachen, die Sie direkt einer der Kategorien, also „Mensch", „Methode", „Material" oder „Maschine" zuordnen. Jede Ursache wird mit einem neuen Pfeil der entsprechenden Kategorie zugeordnet. Werden keine weiteren Ursachen mehr gefunden, nehmen Sie eine Beurteilung der Einzelursachen vor. Hier kann wieder durch Punkten eine Gewichtung stattfinden. Die Ursachen mit den meisten Punkten werden anschließend untersucht und entsprechende Korrekturmaßnahmen eingeleitet.

Die Ergebnisse werden im Auditbericht festgehalten und von allen Beteiligten praktisch umgesetzt. Der Bericht wird im Qualitätshandbuch abgeheftet und mit dem Datum des nächsten Audits versehen.

Abbildung 23: Ursache-Wirkungs-Diagramm

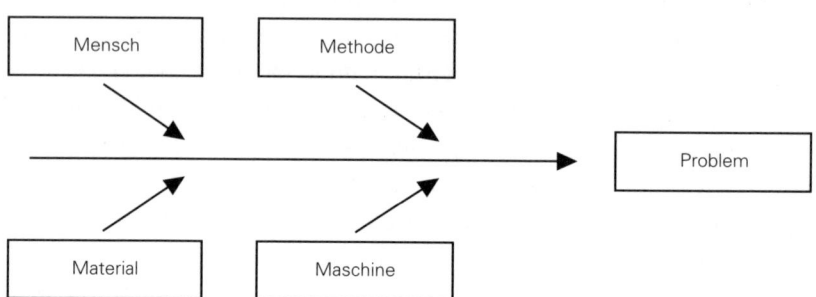

Abschließend lenken wir den Blick noch einmal auf die Fachkräfte. Die Standards sind durch das Audit optimiert worden und mit Recht können Sie in Ihrer Kita von einem qualitativ hochwertigen Angebot sprechen. Doch ist an dieser Stelle kritisch zu fragen, was geschieht, wenn einzelne Mitarbeiterinnen die Ergebnisse oder die Standards nicht in die Praxis umsetzen können und damit nicht zur verbindlichen Zielverwirklichung beitragen.

Der Leitung obliegt die Gesamtverantwortung für die Kita wie für den QM-Prozess und die Einhaltung der Qualitätspolitik. Somit ist es Leitungsaufgabe, mit der Mitarbeiterin zu klären, ob es sich um grundsätzliche Fragen zum Thema „Qualität" handelt oder um die Erweiterung fachlicher Kompetenzen in einem bestimmten Bereich. Gemeinsam wird in einem solchen Gespräch ein Maßnahmenkatalog erstellt, anhand dessen die Fragen beantwortet bzw. neue Kompetenzen gezielt erworben werden können. Neben einem Wechsel des Verantwortungsbereichs sowie Fortbildungen und Schulungen ist hier an regelmäßige Beratungsgespräche mit Kolleginnen aus der eigenen oder auch aus anderen Kitas zu denken.

Ebenso legt die Leitung einen Termin fest, an dem der Erfolg der Maßnahmen gemeinsam reflektiert wird und ob eventuell weitere Maßnahmen zu ergreifen sind.

Ziel ist, dass die betroffene Mitarbeiterin zu einer an allen Prozessen konstruktiv Beteiligten wird. Um dann letztendlich an den Punkt zu gelangen, an dem die Kollegin im folgenden „Ausblick" bereits steht....

Ausblick

Sie haben den impulse-QM-Prozess vollzogen. Schließen Sie nun die Augen und stellen Sie sich Folgendes vor:

Kurz vor der Teamsitzung im Kindergarten in Willdoch. Einer der heutigen Tagesordnungspunkte lautet: Neubelegung der Plätze im nächsten Kindergartenjahr 2005/06. Sie wissen: „Ein kurzer Punkt. Schnell besprochen." Denn über das „Wie" und das „Was" bei Neuaufnahmen wird längst nicht mehr debattiert, da alles in Ihrem Qualitätshandbuch klar festgelegt ist. Bereits vor fünf Jahren haben Sie in Ihrer Kita einen QM-Prozess durchlaufen, ein Jahr später abgeschlossen und haben jetzt in regelmäßigen Abständen Verbesserungsgespräche festgeschrieben.

Schnell besprochen ist dieser Punkt, obwohl die Liste der interessierten Kinder länger ist als die der freien Plätze. Im Unterschied zu den sonstigen Ihnen bekannten Einrichtungen: Da ist der Tagesordnungspunkt „Neubelegung" auch schnell abgehakt. Allerdings aus einem anderen Grund: fehlende Voranmeldungen.

Immer wieder vergleichen Eltern verschiedene Einrichtungen miteinander und entscheiden sich dann für Ihre Einrichtung. Ihre Kita hat den besten Ruf und die Eltern wissen, dass ihre Anliegen von Ihnen ernst genommen werden. Und natürlich die Wünsche ihrer Kinder.

Auch war es vor zwei Jahren kein Problem, den landesrechtlichen Ausführungsbestimmungen gerecht zu werden, als sie
in Kraft traten und die Bezuschussung Ihrer Einrichtung an
eine „Qualitätsentwicklung" gekoppelt wurde. Sie bzw. der
Träger Ihrer Kita, legte das Qualitätshandbuch vor und die
Leisstungsvereinbarungen kamen zu einem sofortigen Ab
schluss. Auch zu diesem Thema wurde Ihnen von anderen
Einrichtungen berichtet. Von Fremdbestimmung war hier die
Rede, von Qualitätsstandards, die in den USA entwickelt wur
den und nun pauschal angewendet werden. Vom entsprechenden Unbehagen bei den Erzieherinnen und den unbeant-
worteten Fragen der Eltern wurde Ihnen berichtet. Die Erzieherinnen hatten keinen Einfluss mehr auf die Qualitätsentwicklung, da diese dann nur noch Trägersache war.

Wie auch immer, rückblickend war es ein hartes Stück Arbeit; dieser QM-Prozess hat ganz schön Kraft gekostet. Und auch zwei Mitarbeiterinnen kündigten, da sie sich nicht mit den Zielen und deren konsequenter Umsetzung anfreunden konnten. Wie es denen jetzt wohl geht?

Ein Blick zur Uhr. Noch zehn Minuten bis zur Besprechung. Zufrieden lehnen Sie sich zurück und genießen den Blick aus dem Fenster.

Literaturverzeichnis

BASISWISSEN KITA, Teamentwicklung, Freiburg, 2000

BRAUER, Jörg-Peter, **DIN EN ISO 9000-9004 umsetzen,** München, 1997

BOBZIEN, Monika, STARK, Wolfgang, STRAUSS, Florian **Qualitätsmanagement,** Alling, 1996

BUNDESMINISTERIUM FÜR FAMILIE, SENIOREN, FRAUEN UND JUGEND, **10. Kinder- und Jugendbericht,** Bonn, 1998

BUNDESMINISTERIUM FÜR FAMILIE, SENIOREN, FRAUEN UND JUGEND, **8. Kinder- und Jugendbericht,** Bonn, 1990

COLE, Kris, **Kommunikation klipp und klar,** Weinheim, Basel, 1996

DEUTSCHES JUGENDINSTITUT, **Orte für Kinder,** Weinheim, München, 1994

DRABNER, Claudia, PAWELLEK, Thomas, **Qualitätsmanagement in sozialen Einrichtungen am Beispiel der Jugendhilfe,** Freiburg i. B., 1997

ENQUETE-KOMMISSION, **Bericht und Empfehlungen der Enquete-Kommission,** Kinder in Baden-Württemberg, Stuttgart, 1994

ERATH, Peter, AMBERGER, Claudia, **Das Kita-Management-Konzept,** Freiburg i. B., 2000

FTHENAKIS, Wassilios, TEXTOR, Martin, **Qualität von Kinderbetreuung,** Weinheim, Basel, 1998

FRANK, Norbert, **Presse- und Öffentlichkeitsarbeit,** Ein Ratgeber für Verbände, Vereine und Initiativen, Köln, 1996

GLAAP, Winfried, **ISO 9000 leicht gemacht,** Wien, 1996

GOEBEL, Eberhard (Hrsg.), **Qualitätsmanagement in Kindertagesstätten,** Helsa, Kassel, 1999

GRAF, Pedro, **Konzeptionsentwicklung,** Alling, 1996

GORDON, Thomas, **Managerkonferenz,** München, 1989

HOPP, Frank-Peter, **Sind zufriedene Kunden mit guter Ergebnisqualität gleichzusetzen,** in: Goebel, Eberhard (Hrsg.), Qualitätsmanagement in Kindertagesstätten, Helsa, Kassel, 1999

KAZEMI-VEISARI, Erika, **Offene Planung im Kindergarten,** Freiburg, 1996

KGST-Bericht Nr.6/1995, **Qualitätsmanagement,** Köln, 1995

KINDER- UND JUGENDGESETZ, Sozialgesetzbuch, Achtes Buch,
    Frankfurt a. M., 1994

KRENZ, Armin, **Der situationsorientierte Ansatz,** Freiburg, 1991

KRONBERGER KREIS, **Qualität im Dialog entwickeln,** Seelze, 1998

LANDESWOHLFAHRTSVERBAND WÜRTTEMBERG-HOHENZOLLERN,
    Was ist (künftig) Qualität in der Tagesbetreuung, , Stuttgart 1997

LILL, Gerlinde, **Von Abenteuer bis Zukunftsvision,** Qualitätslexikon für
    Kindergartenprofis, Neuwied, 1998

MAC DONALD, John, **Erfolgreiches Total Quality Management,**
    Landsberg, 1998

MASING, Walter (Hrsg.), **Handbuch Qualitätsmanagement,**
    München, Wien, 1999

MEINHOLD, Marianne, **Qualitätssicherung und Qualitätsmanagement in
    der sozialen Arbeit,** Freiburg, 1997

PEPELS, Werner, **Kompaktlexikon Qualitätsmanagement,** Köln, 1998

SCHEID, Volker, SEIBEL, Bernd, **Hort an der Schule,** Schorndorf, 1999

STÖGER, Gabriele, **Besser im Team,** Weinheim, Basel, 1996

REGEL, Gerhart, WIELANDT, Axel, Jan (Hrsg.), **Offener Kindergarten Konkret,**
    Hamburg, 1993

ROTHERY, Briab, **Der Leitfaden zur ISO 9000,** München, Wien, 1994

THEDEN, Philipp, **Qualitätstechniken,** München, 1997

TIETZE, Wolfgang, **Kindergarten-Einschätz-Skala,** 1997

TIETZE, Wolfgang, **Wie gut sind unsere Kindergärten?,** Neuwied, 1998

TPS, Qualität in der Kindertagesbetreuung, 2/97

WELT DES KINDES, Klarheit durch Vergleich, Qualität des Kindergartens, 1-2/99

ZENTRALBLATT FÜR JUGENDRECHT, Hefte 3 bis 5, Köln, 1999

ZIESCHE, Ulrike, **Werkstatthandbuch zur Qualitätsentwicklung in
    Kindertagesstätten,** Neuwied, Berlin, 1999

Anhang

I Kleines Wörterbuch des QM (zu Kapitel 1)

Benchmarking
Sammlung und Analyse von Resultaten und Erfolgsfaktoren der eigenen Organisation im Vergleich zu anderen Einrichtungen. Durch Benchmarking werden Orientierungspunkte für die Arbeit gesetzt, die sich in Zielsetzungen und Standards ausdrücken.

Budgetierung
Eine bestimmte Menge finanzieller Mittel für einen vorgegebenen Zeitraum bilden ein Budget. Budgetierung verbindet Haushaltsansätze „von oben" mit den fachlichen Kompetenzen und Leistungsinformationen „von unten". Die Befugnisse und die Verantwortung für die Verwendung der Mittel werden in die betreffende Einrichtung verlagert.

Controlling
Controlling ist die in den Prozess eingebaute, kontinuierlich erfolgende Überwachung der Qualitätsentwicklung und -sicherung. Wesentliche Instrumente sind dabei die Erfolgskontrolle, die Effizienzkontrolle, die Budgetkontrolle und die Zeitkontrolle.

Effektivität
Effektivität bedeutet Wirksamkeit. Durch die Konzentration auf die wichtigsten Ziele wird die Wirksamkeit des Handelns gesichert. Effektiv ist es, wenn Ziele durch danach ausgerichtetes Handeln erreicht werden.

Effizienz
Effizienz bedeutet Leistung und Wirtschaftlichkeit, d. h. mit minimalem wirtschaftlichem Aufwand maximale Resultate er-

zeugen. Es ist effizient, wenn die eingesetzten Mittel den kalkulierten Rahmen nicht überschreiten und der gewünschte Effekt erreicht wurde.

Evaluation

Evaluation heißt wörtlich übersetzt Wertschätzung. Es ist die systematische Auswertung von Lern- und Arbeitsprozessen mit bestimmten Methoden. Evaluation wird zur Bewertung und Überprüfung einer Dienstleistung eingesetzt. Man unterscheidet Fremd- und Selbstevaluation.

- Selbstevaluation wird von den in der Einrichtung arbeitenden Personen selbst durchgeführt. Die Fragestellungen werden selbst erarbeitet, und die Durchführung erfolgt auf freiwilliger Basis.
- Die Fremdevaluation erfolgt durch Personen oder eine Institution, die nicht zur untersuchten Einrichtung gehören.

Kommunalisierung

Soziale Aufgaben werden zunehmend zu Aufgaben der Kommune. Die §§ 78 ff. SGB VIII unterstützen diesen gesellschaftlichen Wandel durch die Leistungsentgeltabrechnung vor Ort mit den freien Trägern.

Neue Steuerung

In den 90er Jahren wurde eine Verwaltungsreform durchgeführt, mit der Leitidee „Verantwortung erfordert Steuerung". Das Ziel dieser Reform ist ergebnis- und zielorientiert, also weg von der Aufgabenorientierung. Autonomie, Kostenbewusstsein, Bürgernähe und Transparenz sind die entscheidenden Stichworte. Durch diese neue Sichtweise sollen sich Behörden und Institutionen an die Erfordernisse der Gegenwart anpassen.

Subsidaritätsprinzip

Lat. Subsidium = Rückhalt, Beistand, Schutz. Der Staat beginnt erst, eigene Aufgaben wahrzunehmen, wenn die freien Träger diese nicht erfüllen können bzw. nicht vorhanden sind. In § 4 Abs. 2 SGB VIII ist dieses Prinzip geregelt: „Soweit geeignete Einrichtungen, Dienste und Veranstaltungen von anerkannten Trägern der freien Jugendhilfe betrieben werden oder rechtzeitig geschaffen werden können, soll die öffentliche Jugendhilfe von eigenen Maßnahmen absehen". Am Beispiel des Rechtsanspruchs für einen Kindergartenplatz heißt das für die öffentliche Jugendhilfe, erst dann Kindergartenplätze zu schaffen, wenn sich kein freier Träger dafür findet.

Total Quality Management

Total Quality Management beinhaltet eine neue Sichtweise des Managements in Bezug auf Mitarbeiterinnen und Arbeit, Führungsstil, Einbeziehung der Mitarbeiterinnen in Entscheidungen, Teamarbeit, ständiges Lernen und offenes Organisationsklima. „Total" bedeutet, dass die Einbeziehung aller an der Produktion bzw. Dienstleistung beteiligten Interessengruppen erforderlich ist. „Quality" heißt, dass eine konsequente Orientierung aller betrieblichen Aktivitäten an den Qualitätsanforderungen notwendig ist. Die Kundenbedürfnisse dienen als Maßstab, und nicht kundenrelevante Aktivitäten werden abgebaut. Es gilt eine höchstmögliche Konformität hinsichtlich der Kundenbedürfnisse zu erzielen. „Management" meint, dass Qualität als übergeordnetes Führungsprinzip im Betrieb verstanden wird.

Zertifizierung

Es findet eine Beurteilung durch eine unabhängige, staatlich zugelassene Stelle statt (externe Audits). Mit einer Zertifizierung ist das Ziel der Vergleichbarkeit verbunden. Nach der DIN EN ISO 9000 ff. kann ein Gütesiegel erworben werden, welches eine bestimmte Norm bestätigt (allerdings noch nicht für Kinderbetreuungseinrichtungen).

II Die gesetzliche Grundlage (zu Kapitel 2)

Anmerkung 1: §§ 78 a ff. SGB VIII

DRITTER ABSCHNITT
Vereinbarungen über Leistungsangebote, Entgelte und Qualitätsentwicklung

§ 78 a
Anwendungsbereich

(1) Die Regelungen der §§ 78 b bis 78 g gelten für die Erbringung von

1. Leistungen für Betreuung und Unterkunft in einer sozialpädagogisch begleiteten Wohnform (§ 13 Abs. 3),
2. Leistungen in gemeinsamen Wohnformen für Mütter/ Väter und Kinder (§ 19),
3. Leistungen zur Unterstützung bei notwendiger Unterbringung des Kindes oder Jugendlichen zur Erfüllung der Schulpflicht (§ 21 Satz 2),
4. Hilfe zur Erziehung
    a) in einer Tagesgruppe (§ 32),
    b) in einem Heim oder einer sonstigen betreuten Wohnform (§ 34) sowie
    c) in intensiver sozialpädagogischer Einzelbetreuung (§ 35), sofern sie außerhalb der eigenen Familie erfolgt,
5. Eingliederungshilfe für seelisch behinderte Kinder und Jugendliche in
    a) anderen teilstationären Einrichtungen (§ 35 a Abs. 1 Satz 2 Nr. 2 Alternative 2),
    b) Einrichtungen über Tag und Nacht sowie sonstige Wohnformen (§ 35 a Abs. 1 Satz 2 Nr. 4),
6. Hilfe für junge Volljährige (§ 41), sofern diese den in den Nummern 4 und 5 genannten Leistungen entspricht, sowie

7. Leistungen zum Unterhalt (§ 39), sofern diese im Zusammenhang mit Leistungen nach den Nummern 4 bis 6 gewährt werden; § 39 Abs. 2 Satz 3 bleibt unberührt.

(2) Landesrecht kann bestimmen, dass die §§ 78 b bis 78 g auch für andere Leistungen nach diesem Buch sowie für vorläufige Maßnahmen zum Schutz von Kindern und Jugendlichen (§§ 42, 43) gelten.

§ 78 b
Voraussetzungen für die Übernahme des Leistungsentgelts

(1) Wird die Leistung ganz oder teilweise in einer Einrichtung erbracht, so ist der Träger der öffentlichen Jugendhilfe zur Übernahme des Entgelts gegenüber dem Leistungsberechtigten verpflichtet, wenn mit dem Träger der Einrichtung oder seinem Verband Vereinbarungen über

1. Inhalt, Umfang und Qualität der Leistungsangebote (Leistungsvereinbarung),
2. differenzierte Entgelte für die Leistungsangebote und die betriebsnotwendigen Investitionen (Entgeltvereinbarungen) und
3. Grundsätze und Maßstäbe für die Bewertung der Qualität der Leistungsangebote sowie über geeignete Maßnahmen zu ihrer Gewährleistung (Qualitätsentwicklungsvereinbarung)

abgeschlossen worden sind.

(2) Die Vereinbarungen sind mit den Trägern abzuschließen, die unter Berücksichtigung der Grundsätze der Leistungsfähigkeit, Wirtschaftlichkeit und Sparsamkeit zur Erbringung der Leistung geeignet sind.

(3) Ist eine der Vereinbarungen nach Absatz 1 nicht abgeschlossen, so ist der Träger der öffentlichen Jugendhilfe zur Übernahme des Leistungsentgelts nur verpflichtet, wenn dies insbesondere nach Maßgabe der Hilfeplanung (§ 36) im Einzelfall geboten ist.

§ 78 c
Inhalt der Leistungs- und Entgeltvereinbarungen

(1) Die Leistungsvereinbarung muss die wesentlichen Leistungsmerkmale, insbesondere
1. Art, Ziel und Qualität des Leistungsangebots,
2. den in der Einrichtung zu betreuenden Personenkreis,
3. die erforderliche sächliche und personelle Ausstattung,
4. die Qualifikation des Personals sowie
5. die betriebsnotwendigen Anlagen der Einrichtung

festlegen. In die Vereinbarung ist aufzunehmen, unter welchen Voraussetzungen der Träger der Einrichtung sich zur Erbringung von Leistungen verpflichtet. Der Träger muss gewährleisten, dass die Leistungsangebote zur Erbringung von Leistungen nach § 78 a Abs. 1 geeignet sowie ausreichend, zweckmäßig und wirtschaftlich sind.

(2) Die Entgelte müssen leistungsgerecht sein. Grundlage der Entgeltvereinbarung sind die in der leistungs- und der Qualitätsentwicklungsvereinbarung festgelegten Leistungs- und Qualitätsmerkmale. Eine Erhöhung der Vergütung für Investitionen kann nur dann verlangt werden, wenn der zuständige Träger der öffentlichen Jugendhilfe der Investitionsmaßnahme vorher zugestimmt hat. Förderungen aus öffentlichen Mitteln sind anzurechnen.

§ 78 d
Vereinbarungszeitraum

(1) Die Vereinbarungen nach § 78 b Abs. 1 sind für einen zukünftigen Zeitraum (Vereinbarungszeitraum) abzuschließen. Nachträgliche Ausgleiche sind nicht zulässig.

(2) Die Vereinbarungen treten zu dem darin bestimmten Zeitpunkt in Kraft. Wird ein Zeitpunkt nicht bestimmt, so werden die Vereinbarungen mit dem Tag ihres Abschlusses wirksam. Eine Vereinbarung, die vor diesen Zeitpunkt

zurückwirkt, ist nicht zulässig; dies gilt nicht für Vereinbarungen vor der Schiedsstelle für die Zeit ab Eingang des Antrags bei der Schiedsstelle. Nach Ablauf des Vereinbarungszeitraums gelten die vereinbarten Vergütungen bis zum Inkrafttreten neuer Vereinbarungen weiter.

(3) Bei unvorhersehbaren wesentlichen Veränderungen der Annahmen, die der Entgeltvereinbarung zugrunde lagen, sind die Entgelte auf Verlangen einer Vertragspartei für den laufenden Vereinbarungszeitraum neu zu verhandeln. Die Absätze 1 und 2 gelten entsprechend.

(4) Vereinbarungen über die Erbringung von Leistungen nach § 78 a Abs. 1, die vor dem 1. Januar 1999 abgeschlossen worden sind, gelten bis zum Inkrafttreten neuer Vereinbarungen weiter.

§ 78 e
Örtliche Zuständigkeit für den Abschluss von Vereinbarungen

(1) Soweit Landesrecht nicht etwas anderes bestimmt, ist für den Abschluss von Vereinbarungen nach § 78 b Abs. 1 der örtliche Träger der Jugendhilfe zuständig, in dessen Bereich die Einrichtung gelegen ist. Die von diesem Träger abgeschlossenen Vereinbarungen sind für alle örtlichen Träger bindend.

(2) Werden in der Einrichtung Leistungen erbracht, für deren Gewährung überwiegend ein anderer örtlicher Träger zuständig ist, so hat der nach Absatz 1 zuständige Träger diesen Träger zu hören.

(3) Die kommunalen Spitzenverbände auf Landesebene und die Verbände der Träger der freien Jugendhilfe sowie die Vereinigungen sonstiger Leistungserbringer im jeweiligen Land können regionale oder landesweite Kommissionen bilden. Die Kommissionen können im Auftrag der Mitglieder der in Satz 1 genannten Verbände und Vereini-

gungen Vereinbarungen nach § 78 b Abs. 1 schließen. Landesrecht kann die Beteiligung der für die Wahrnehmung der Aufgaben nach § 85 Abs. 2 Nr. 5 und 6 zuständigen Behörde vorsehen.

§ 78 f
Rahmenverträge

(1) Die kommunalen Spitzenverbände auf Landesebene schließen mit den Verbänden der Träger der freien Jugendhilfe und den Vereinigungen sonstiger Leistungserbringer auf Landesebene Rahmenverträge über den Inhalt der Vereinbarungen nach § 78 b Abs. 1. Die für die Wahrnehmung der Aufgaben nach § 85 Abs. 2 Nr. 5 und 6 zuständigen Behörden sind zu beteiligen.

§ 78 g
Schiedsstelle

(1) In den Ländern sind Schiedsstellen für Streit- und Konfliktfälle einzurichten. Sie sind mit einem unparteiischen Vorsitzenden und mit einer gleichen Zahl von Vertretern der Träger der öffentlichen Jugendhilfe sowie von Vertretern der Träger der Einrichtungen zu besetzen. Der Zeitaufwand der Mitglieder ist zu entschädigen, bare Auslagen sind zu erstatten. Für die Inanspruchnahme der Schiedsstellen können Gebühren erhoben werden.

(2) Kommt eine Vereinbarung nach § 78 b Abs. 1 innerhalb von sechs Wochen nicht zustande, nachdem eine Partei schriftlich zu Verhandlungen aufgefordert hat, so entscheidet die Schiedsstelle auf Antrag einer Partei unverzüglich über die Gegenstände, über die keine Einigung erreicht werden konnte. Gegen die Entscheidung ist der Rechtsweg zu den Verwaltungsgerichten gegeben. Die Klage richtet sich gegen eine der beiden Vertragspartei-

en, nicht gegen die Schiedsstelle. Einer Nachprüfung der Entscheidung in einem Vorverfahren bedarf es nicht.

(3) Entscheidungen der Schiedsstelle treten zu dem darin bestimmten Zeitpunkt in Kraft. Wird ein Zeitpunkt für das Inkrafttreten nicht bestimmt, so werden die Festsetzungen der Schiedsstelle mit dem Tag wirksam, an dem der Antrag bei der Schiedsstelle eingegangen ist. Die Festsetzung einer Vergütung, die vor diesen Zeitpunkt zurückwirkt, ist nicht zulässig. Im übrigen gilt § 78 d Abs. 2 Satz 4 und Abs. 3 entsprechend.

(4) Die Landesregierungen werden ermächtigt, durch Rechtsverordnung das Nähere zu bestimmen über

1. die Errichtung der Schiedsstellen,

2. die Zahl, die Bestellung, die Amtsdauer und die Amtsführung ihrer Mitglieder,

3. die Erstattung der baren Auslagen und die Entschädigung für ihren Zeitaufwand,

4. die Geschäftsführung, das Verfahren, die Erhebung und die Höhe der Gebühren sowie die Verteilung der Kosten und

5. die Rechtsaufsicht.

Anmerkung 2: Zum Begriff „Qualitätsentwicklung" und dessen Verständnis, hier ein Kommentar aus dem „Zentralblatt für Jugendrecht": „Mit dem Begriff ‚Qualitätsentwicklung' wird im Ergebnis der Tatsache Rechnung getragen, dass die fachliche Arbeit im Bereich der Jugendhilfe durch einen hohen Grad an Komplexität gekennzeichnet ist. Mit dem nunmehr auch gesetzlich eingeführten Begriff ‚Qualitätsentwicklung' soll einerseits deutlich gemacht werden, dass Qualität in sozialpädagogischen Handlungsfeldern aus einem komplexen Bedingungsgefüge entsteht und bei denen auch schwer fassbare subjektive Faktoren eine wichtige Bedeutung haben. In der Begründung [...] im seinerzeitigen Gesetzgebungsverfahren heißt es dazu u. a.: ‚Aufgrund dieser Komplexität erscheinen sozialtechnische Erwartungsmuster, die darauf abzielen, Qualität durch sorgfältigen Instrumenteneinsatz in den Griff zu bekommen, für das Handlungsfeld Jugendhilfe verfehlt.' Es wird des weiteren darauf hingewiesen, dass der Bereich soziale Arbeit bislang über kein allgemein anerkanntes Verständnis von Qualität bzw. die dafür maßgeblichen Faktoren verfügt. Der Begriff Qualitätsentwicklung bringe mithin zum Ausdruck, ‚dass die Sicherung von Qualität im Bereich der sozialen Arbeit ein ständiger Prozess der (Weiter-)Entwicklung ist. Die wesentlichen Instrumente der Entwicklung und Gewährleistung fachlicher Qualität sind Beratung und Anleitung, die regelmäßige Supervision und Fortbildung sowie eine systematische Dokumentation der Entwicklung des Kindes bzw. des Jugendlichen.' [...] Der Gesetzgeber geht davon aus, dass es grundsätzlich Aufgabe der Einrichtungsträger ist, Maßnahmen zur Weiterentwicklung der Qualität durchzuführen. Diese Maßnahmen sollten möglichst in die pädagogische Praxis zu integrieren sein" (Dr. R. J. Wabnitz, „Qualitätsentwicklung als gesetzliche Aufgabe", in: Zentralblatt für Jugendrecht 4/99, S. 127).

Anmerkung 3 steht im Zusammenhang mit dem Gedanken „Patentrezept" zur Qualitätserarbeitung. Wir verweisen auf die Ausführungen im 10. Kinder- und Jugendbericht (herausgegeben vom Bundesministerium für Familie, Senioren, Frauen und Jugend am 28. 8. 1998): „Dass die Qualitätsdiskussion bereits heute ins Blickfeld der Beteiligten gerückt ist, zeigen die vielfältigen vor Ort entwickelten Initiativen, die sich der Frage der Qualität stellen und sich dabei unterschiedlicher Verfahren bedienen. Diese reichen von externen Verfahren des Qualitätsmanagements, über Zertifizierungsverfahren bis hin zu Methoden der (Selbst-)Evaluierung, Organisationschecks, Zielgruppen- und Mitarbeiterbefragungen. Wichtig scheint zu sein, dass die Beteiligten vor Ort prüfen, welches System für sie das richtige ist und dass sie sich auch dafür entscheiden. Für diese Entscheidung sollte maßgebend sein, welche Funktion das jeweilige System erfüllen soll. Soll die Arbeit der Einzelnen und des Teams verbessert werden? Sollen die betrieblichen Abläufe und Zuständigkeiten neu geregelt werden? Soll die Zusammenarbeit mit den Eltern verbessert werden? Zertifizierung sollte jedoch kein Selbstzweck sein. Denn ein Zertifikat bildet lediglich einen punktuellen Entwicklungsstand ab. Wichtig ist es, deutlich zu machen, dass sich eine Einrichtung um eine permanente Verbesserung des Angebots bemüht. Auch wenn – schon wegen des Fehlens einheitlicher Rahmenbedingungen aufgrund der Zuständigkeit der Länder (Arbeiterwohlfahrt [AWO] 1995) – eine Vergleichbarkeit nicht gegeben ist, so bedarf es dennoch einer bundesweiten Qualitätsoffensive. Dies würde die Sensibilität der Fachkräfte und auch der Träger für die verschiedenen Bedingungsfaktoren erhöhen, ihren Eigenanteil an der personenbezogenen Dienstleistung der Tageseinrichtung realistischer einschätzen und Abbau verhindern helfen – und damit Auswirkungen auf eine optimale Entwicklung der Kinder haben." (S. 190 f.)

Das Autorenteam:

Ulrike Glöckner-Hertle

Erzieherin, Dipl. Sozialpädagogin (FH),
gruppentherapeutische Mädchenarbeit,
Leiterin einer Kita mit Hort,
wissenschaftliche Mitarbeiterin an der Universität Freiburg,
Lehrbeauftragte für Qualitätsmanagement an der EFH in Freiburg,
seit 1994 Beraterin, Referentin und Initiatorin von *Impulse*,
Beratung & Seminare für soziale Einrichtungen
Anschrift: Konradstr. 15 a, 79100 Freiburg, Tel: 0761 / 733 35 55

Michael Wünsche

Dipl. Sozialpädagoge (FH),
offene Kinder- und Jugendarbeit,
Heimarbeit,
Erwachsenenarbeit,
1992 – 1999 Leiter einer Kita mit Hort,
seit 1999 Leitung und Aufbau einer Kita,
seit 1995 Referent und Mitarbeiter von *Impulse*